„Verkaufe Träume, nicht Produkte.“

Manche Menschen können das Bewusstsein einer ganzen Generation verändern. Steve Jobs war so ein Mensch. Seine Keynotes, wie er seine Produktvorstellungen nannte, waren spektakulär. Er schaffte es, Neuheiten emotional so aufzuladen („But there's one more thing...“), dass sie als etwas ganz Bedeutsames erschienen und nicht nur bei seinen treuesten Fans Begeisterungsstürme und ein tagelanges Campieren vor dem Apple Store auslösten. Oder wie eine deutsche Tageszeitung einmal schrieb: „Die Präsentation gleicht einem Hochamt, und die ganze Welt erstarrt in Ehrfurcht.“

Was war also das Geheimnis seines Erfolgs? Steve Jobs wollte immer ein bestimmtes Lebensgefühl verkaufen und keine Dinge. Die Menschen sollten etwas bekommen, von dem sie nicht einmal wussten, dass sie es brauchen – und wenn sie es erst einmal hatten, dann sollten sie nie wieder ohne dieses Produkt leben wollen.

Dazu kam sein Prinzip „Keep it short and simple“. Als Steve Jobs 1997 zurück zu Apple ging, gab es dort rund 350 Produkte – er reduzierte das Angebot auf 10. Und sorgte dafür, dass die Produkte ohne überflüssige Funktionen auskamen, selbsterklärend und minimalistisch im Design waren.

Als Apple 1998 dann den iMac vorstellte, hob sich dieser nicht nur durch seine bunte Farbgebung in Bondi Blue (Blaugrün) gegenüber den bislang meist beigegrauen PCs ab. Nein, das Besondere war, dass jeder Nutzer auch ohne technisches Wissen ganz einfach ins Internet kam. Und wenn Sie sich auch schon mal gefragt haben, wofür eigentlich das i steht: Ja, es steht in erster Linie für Internet. Darüber hinaus – so Apple bei der offiziellen Produktvorstellung des iMac – aber auch für individual, instruct, inform, inspire (engl. für individuell, instruieren, informieren, inspirieren).

Liebe Leserin, lieber Leser, kaum einer lebte „think different“ so intensiv und konsequent wie Steve Jobs. Anlässlich seines 10. Todestags möchten wir hier noch einmal seinen Lebensweg nachzeichnen. Wir stellen seine ikonischen Produktentwicklungen vor und erinnern an seine Ideen für Architektur und Verkaufsräume – so war es zum Beispiel bis zum ersten Apple Store undenkbar, dass Kunden technische Produkte direkt im Geschäft ausprobierten. Heute ist das fast überall Standard. Und wir blicken natürlich auch auf den Privatmenschen ...

Beim Eintauchen in die Welt eines der spannendsten Kreativen unserer Zeit wünsche ich Ihnen viel Spaß!

Nicole Kleinhammer,
Chefredakteurin

IMPRESSUM

Ein Titel der Funke Mediengruppe
FUNKE ONE GmbH
Jakob-Funke-Platz 1
45127 Essen

Chefredakteurin
Nicole Kleinhammer (V.i.S.d.P.)
nicole.kleinhammer@funkemedien.de

Creative-Direktorin
Liliana Trinca

Schlussredaktion
Lektornet GmbH

Geschäftsführer
Andrea Glock, Simone Kasik,
Christoph Rüth, Christian Siebert

Vermarktung
FUNKE MediaSales National
Anzeigenleitung (V.i.S.d.P.): Eva Dahlke
FUNKE Services GmbH,
Großer Burstah 18–32, 20457 Hamburg,
eva.dahlke@funkemedien.de

Herstellung
Jutta Eckebrecht

Druck
NEEF + STUMME GmbH
Schillerstraße 2, 29378 Wittingen

Vertriebsleitung
Andreas Klinkmann

Einzelhandel
MZV Moderner Zeitschriften
Vertrieb
GmbH & Co. KG
Ohmstraße 1, 85716 Unterschleißheim

Fotos
Special thanks: Jonathan Zufi, Apple PR.
Action Press, Alamy, August, DDP, DPA,
Getty Images, Interfoto, Mauritius,
Reuters, Shutterstock.

Titelfoto
Art Streiber

Objektleiter
Immo Riege

Chief Product Officer
Sebastian Kadas

ISBN: 978-3-95856-143-4

INHALT

VORDERER TEIL

50

58

70

HINTERER TEIL

Eine Delle ins Universum schlagen …

… nichts weniger wollte der Sohn einer Amerikanerin und eines syrischen Politikstudenten, als er in der Garage seines Adoptivvaters begann, mit einem Freund die Welt zu verändern

Text: Christoph Dernbach

Fokus und Simplizität

Und das konsequent ganzheitlich. Diese Vorgaben prägen Apples Designauffassung von Beginn an. Jedes Produkt wird dabei von der Hard- über die Software bis zur Verpackungsgestaltung zusammen gedacht

Fotos: Jonathan Zufi

Erinnern Sie sich an Ihr erstes Apple-Produkt? Es war sicher nicht Ihr letztes. Welches ist Ihr Lieblingsgerät? Welche Generation ist es? Wussten Sie, dass Apple Drucker hergestellt hat? Scanner? Kameras? Die Bandbreite der Produkte, die Apple im Laufe der Jahre angeboten hat, mag Sie überraschen.

Heute passt das aktuelle Produktsortiment von Apple auf einen Tisch. Aber nach wie vor gilt, was Steve Jobs als sein Mantra bezeichnet hat: „Ich möchte, dass das Design von Apple nicht nur das beste in der Computerbranche ist, sondern das beste auf der ganzen Welt." Benutzerfreundlichkeit und Einfachheit inklusive. Und die werden erreicht, indem man sich mit Details beschäftigt, die oft übersehen werden. Steve Jobs drängte seine Kreativen und Ingenieure immer wieder dazu, zu bedenken, dass es nicht das Gerät ist, das der Kunde will, sondern das Erlebnis, der Service.

Die neue Design-Sprache

Es war Jonathan Ive, der 27 Jahre lang als Apples Design-Guru agierte, bis er das Unternehmen 2019 verließ. Zusammen mit Steve Jobs entwickelte er ab 1997 Apples unverwechselbare Design-Sprache. Ein großes Vorbild der beiden ist der deutsche Industriedesigner Dieter Rams, der als langjähriger Gestalter der Firma Braun mit seinen „Zehn Thesen für gutes Design" die Designauffassung von Ive und Jobs bezüglich Funktionalität und Minimalismus maßgeblich prägte.

In den 1990er-Jahren war Apple in der Versenkung verschwunden und stand am Rande des Bankrotts. Dann kam der iMac G3, ein heller, farbenfroher Computer, der das Unternehmen rettete, Jonathan Ives Führungsrolle begründete und Steve Jobs half, sich wieder einen Namen zu machen. Doch die Wirkung des G3 ging weit über die bloße Rettung von Apple hinaus – er veränderte die gesamte Computerbranche. Inmitten einer Flut von langweiligen beigen Gehäusen wirkten die knalligen Farben und das durchsichtige Gehäuse des iMac G3 freundlich und ansprechend. Der Gedanke dahinter war, den Menschen die Angst vor dem Computer zu nehmen. Deshalb hatte Ive die Idee, einen Griff an der Oberseite anzubringen, um die Menschen zu ermutigen, ihn anzufassen. Mit dem iMac G3 wollte Ive zeigen, dass gutes Design die Wahrnehmung verändern kann. Alle nachfolgenden Entwürfe des Chefdesigners spiegeln sein Bestreben wider, die Effizienz und den Komfort für den Benutzer zu maximieren – oder: „Es ist schön, wenn etwas funktioniert, und es funktioniert intuitiv".

Eine Hommage

Für sein Projekt „Iconic" („A Photographic Tribute to Apple Innovation", Ridgewood Publishing) hat der australische Fotograf Jonathan Zufi über 500 Apple-Produkte gekauft und fotografiert. Mit allen Detailaufnahmen kam er auf über 150.000 Bilder. Einen kleinen Ausschnitt seiner Hommage an die visuell beeindruckendsten und wichtigsten Produkte zeigt er hier …

Apple Computer 1
Palo Alto, Ca. Copyright 1976
VIDEO LEVEL ADJ
(6800 ONLY)
6820 (PIA)
6502 (MICRO PROCESSOR)

▲ Apple I, 1976

„Ohne den Apple I hätte es nichts gegeben. Es hätte kein iPhone gegeben, wenn es nicht den Apple I gegeben hätte.“

— Bill Fernandez, der erste Vollzeitmitarbeiter von Apple, 1977 eingestellt

▲ Apple II, 1980

„Ich wusste, dass der Apple II großartig war, als ich ihn kaufte, aber als ich mich mit den Details beschäftigte, hat mich der kreative künstlerische Ansatz, den die Designer gewählt hatten, einfach umgehauen.“

— Andy Hertzfeld, Mitglied des ersten Macintosh-Entwicklungsteams

▲ Apple Lisa 2, 1984

„Das ist Lisa. Es ist das einzige persönliche System seiner Art … Lisa folgt der Art und Weise, wie Sie in der Praxis arbeiten. Es ist kein weiterer Personal Computer. Es ist ein persönliches Computersystem. Und es ist nichts weniger als eine Revolution.“

— Lisa-Marketingmaterial, 1982

▲ Von links nach rechts: Macintosh 128K, 1984; Macintosh 512Ke, 1986; Macintosh Plus, 1986; Macintosh SE, 1987

▲ Von links nach rechts: Macintosh Classic II, 1991; Macintosh Performa 200, 1992; Macintosh Color Classic, 1993; Macintosh Color Classic II, 1993

> „Ich erinnere mich noch daran, wie ich meinen ersten Mac eingeschaltet habe. Die Intro-Videosequenz startete mit lustiger Musik, und ich wusste sofort, dass ich in ein Unternehmen investiert hatte, das sich sehr um seine Kunden kümmert."
>
> — Alex Heath, Autor

„Wenn es einen spirituellen Partner bei Apple gibt, dann ist es Jony …
Er hat mehr operative Macht als jeder andere bei Apple, außer mir.“

— Steve Jobs

Jonathan Ive (links), der als damaliger Chief Design Officer seit 2001 für das Design aller Apple-Produkte verantwortlich ist, trifft auf dem Apple Campus in Cupertino seinen Freund und Mentor Steve Jobs auf einen Tee

„Man muss das Wesen eines Produkts zutiefst verstehen, um sich von den unwesentlichen Teilen trennen zu können.“

— Jonathan Ive, Senior Vice President für Industriedesign, Apple Inc.

iMac G3 „Flower Power“, 2001

▲ Power Mac G4 Cube, 2000 ▶

„Es kommt nicht oft vor, dass man etwas aus einem einzigen Stück Plastik entwirft. Hier ging es um Vereinfachung, um die Beseitigung von Unordnung, nicht nur visueller, sondern auch akustischer Unordnung. Deshalb schwebt der Würfel in der Luft."

— Jonathan Ive

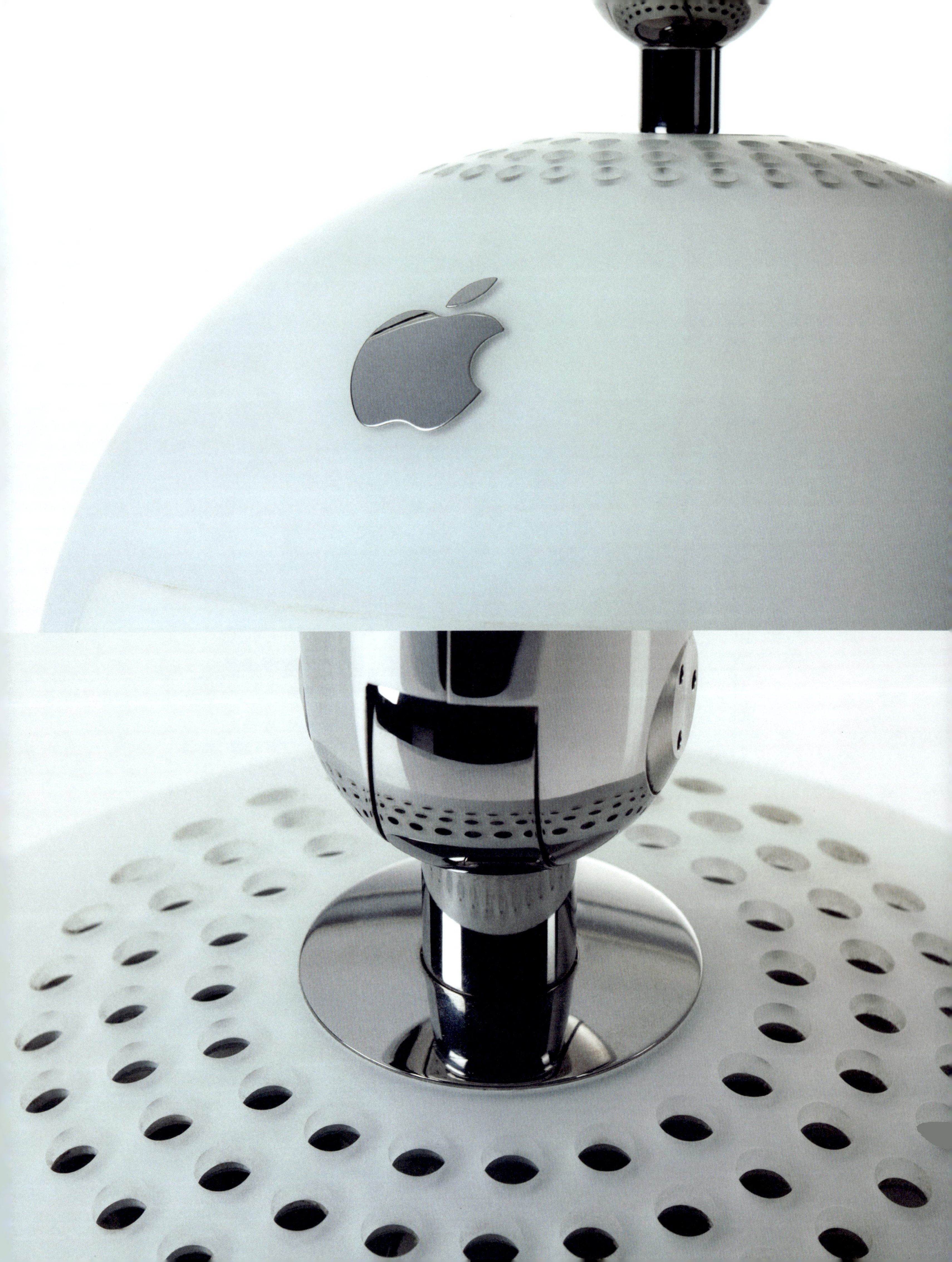

◀ iMac G4, 2002 ▲

„Und dann hatten wir unsere große Idee … Warum lassen wir nicht jedes Element sich selbst treu sein. Wenn der Bildschirm flach ist, soll er flach sein. Wenn der Computer horizontal sein will, soll er horizontal sein … Eine Schönheit und Anmut, die das nächste Jahrzehnt überdauern wird."

— Steve Jobs

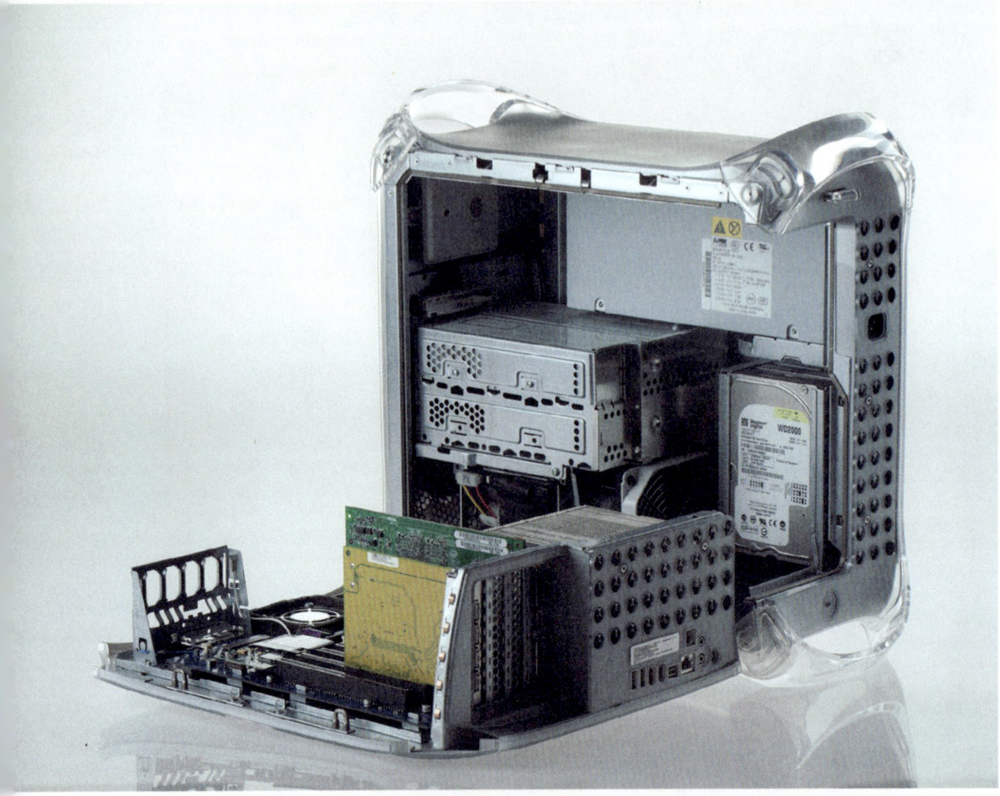

▲ Power Macintosh G4 „Quicksilver", 2001 ▶

„Es ist traurig und frustrierend, dass wir von Produkten umgeben sind, die von einem völligen Mangel an Sorgfalt zeugen. Das ist das Interessante an einem Gegenstand. Ein Gegenstand spricht Bände über das Unternehmen, das ihn hergestellt hat, und über seine Werte und Prioritäten."

— Jonathan Ive

◀ iMac G5, 2004 ▲

„Man kann sich keine Produkte von Apple ansehen, ohne die schlichte Eleganz zu erkennen, die das Unternehmen zu einer Marke gemacht hat."

— Kelli Richards, ehemalige Direktorin für Musik- und Unterhaltungsmärkte bei Apple Inc.

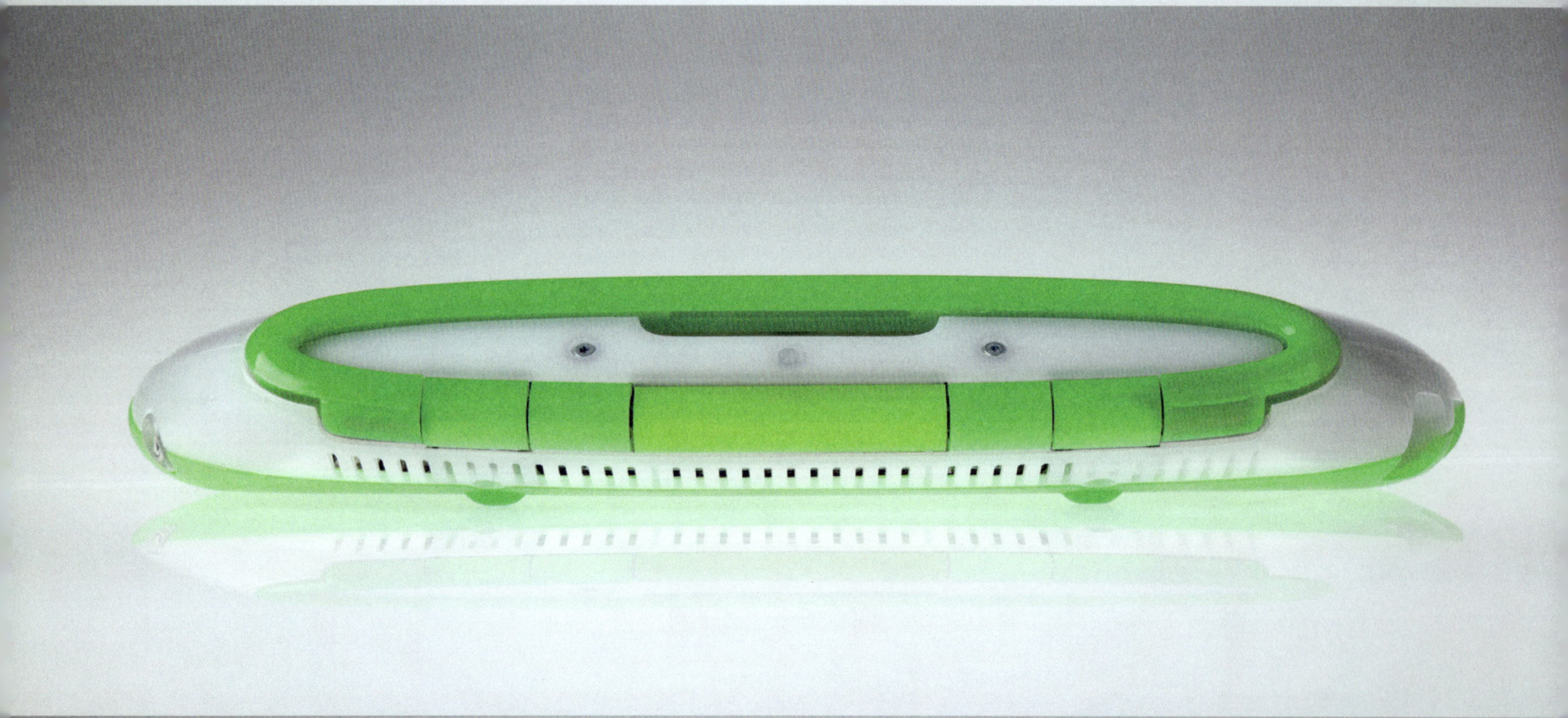

„Das ist Polycarbonat-Kunststoff – das ist das Material, aus dem kugelsichere Westen gemacht werden."

— Steve Jobs, Einführung des iBook

◀ iBook G3 „Clamshell" in Limette und Mandarine, 2000 ▲

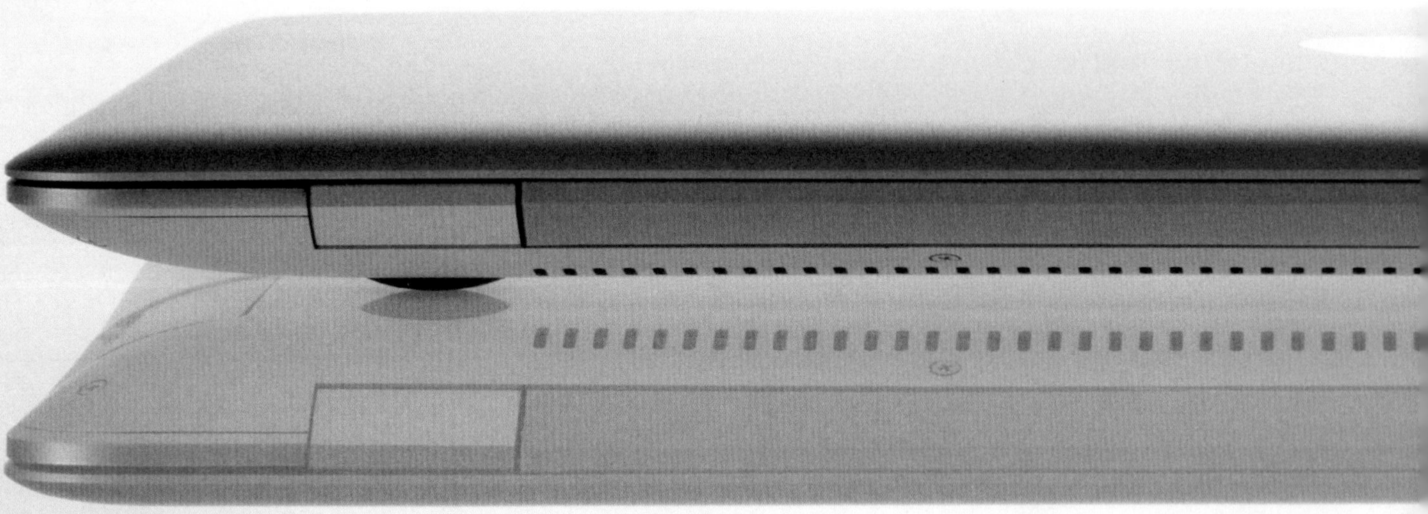

▲ MacBook Air, 2008

„Der dickste Teil des MacBook Air ist immer noch dünner als der dünnste Teil der TZ-Serie (von Sony, Anm. d. Red.). Wir sprechen hier von dünn."

— Steve Jobs, Vorstellung des MacBook Air

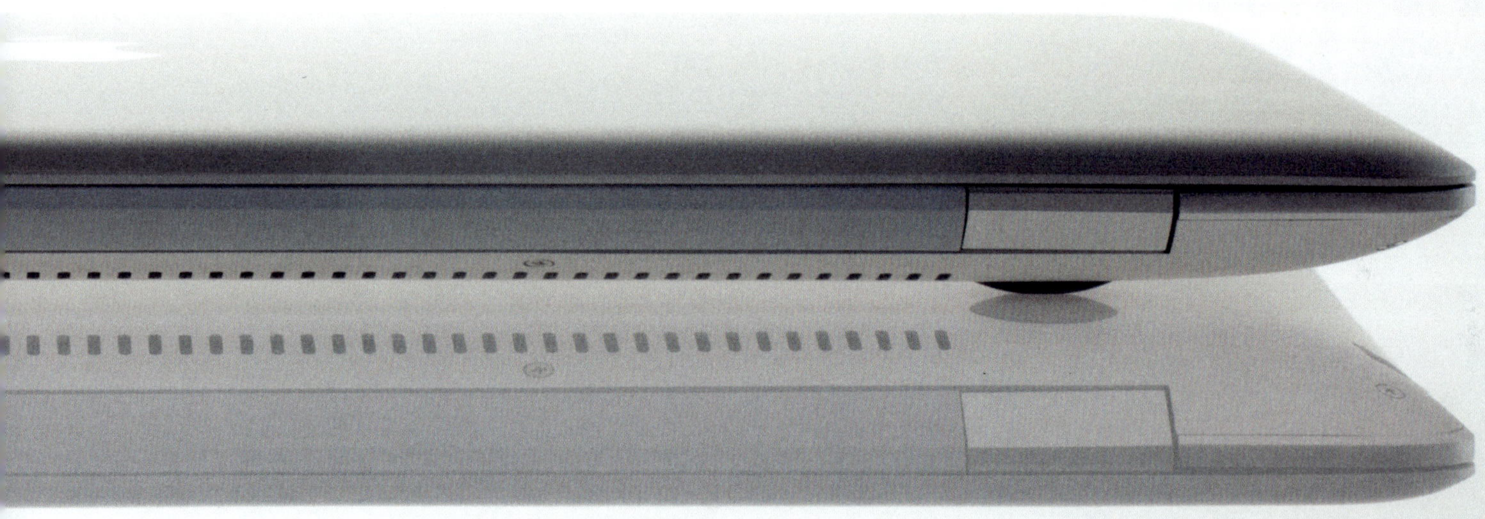

▲ Apple TV, 1. Generation, 2007

„Ein sehr gut durchdachtes Produkt, das Computer und Fernseher problemlos zusammenbringt."

— Walt Mossberg, „Wall Street Journal"

▲ Apple TV, 3. Generation, 2012

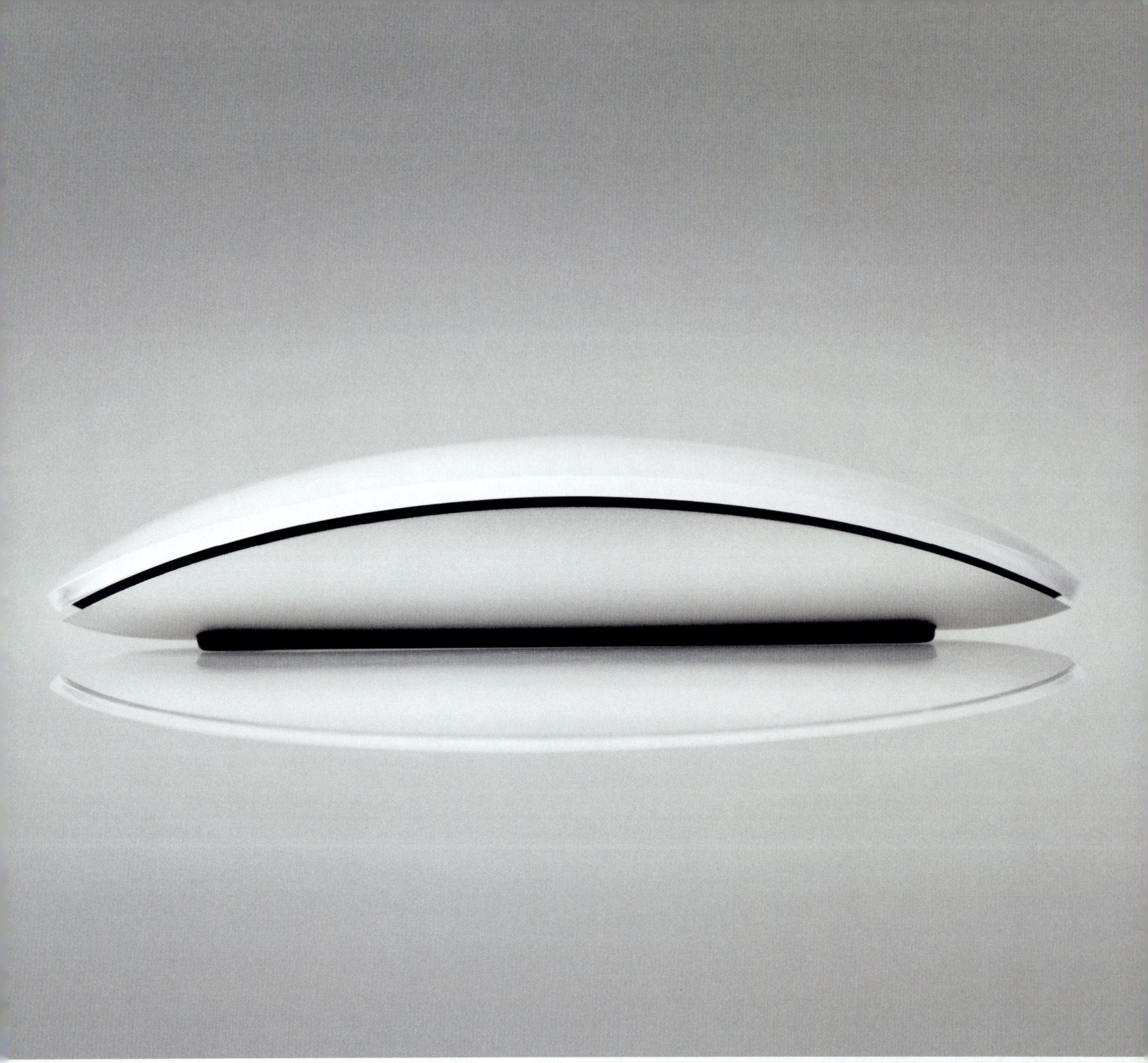

„Wenn man die Maus zum ersten Mal sieht, erscheint sie sehr einfach. Aber ich liebe die Art und Weise, wie sie sich von etwas scheinbar Einfachem zu etwas wirklich bemerkenswert Raffiniertem entwickelt.“

— Jonathan Ive, Vorstellung der Magic Mouse, 2009

▲ Lisa Mouse, 1983

▲ Mouse IIc, 1984

▲ Macintosh Mouse, 1984

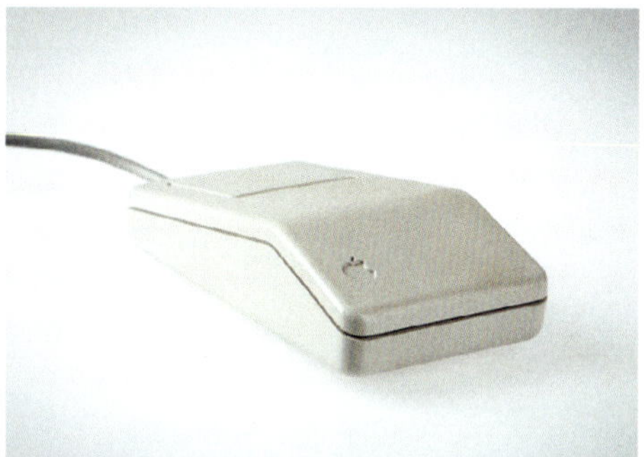

▲ Apple Desktop Bus Mouse, 1986

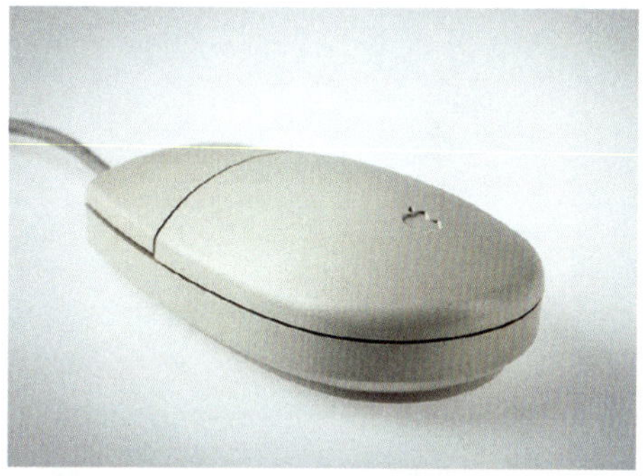

▲ Apple Desktop Bus Mouse II, 1993

▲ Apple Desktop Bus Mouse II (Black), 1993

▲ USB Mouse, 1998

▲ Pro Mouse (White), 2000

▲ Pro Mouse (Black), 2000

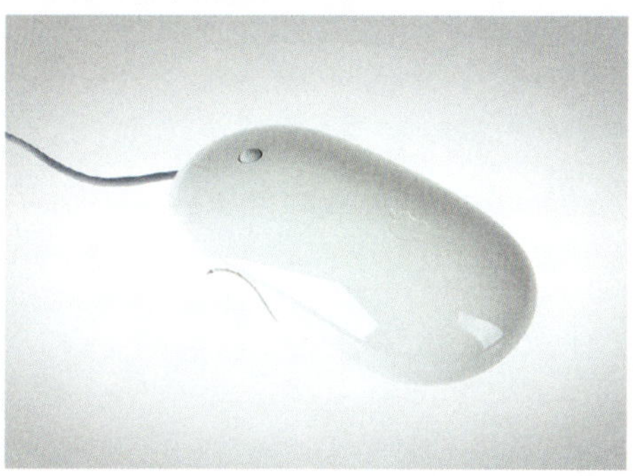

▲ Mighty Mouse, 2005

◀ ▲ Magic Mouse, 2009

▲ Magic Trackpad, 2010

„Wenn es jemals ein Produkt gab, das die Daseinsberechtigung von Apple verdeutlicht hat, dann ist es dieses."

— Steve Jobs

▲ iPod, 1. Generation, 2001 ▶

menu

▲ iPod mini, 1. Generation, 2004

▲ iPod mini, 2. Generation, 2005

„Ich weiß nicht, wer Ihre Produktdesigner sind, aber Sie können ihnen gar nicht genug bezahlen.“

— Moby, US-amerikanischer Sänger, DJ und Musikproduzent

„Von Zeit zu Zeit kommt ein revolutionäres Produkt auf den Markt, das alles verändert.“

— Steve Jobs, iPhone-Launch, 2007

▲ iPhone, 1. Generation, 2007

„Wenn etwas die eigenen Fähigkeiten übersteigt, um zu verstehen, wie es funktioniert, wird es irgendwie magisch, und genau das ist das iPad.“

— Jonathan Ive

▲ iPad, 1. Generation, 2010 ▶

iPad
16GB
Designed by Apple in California Assembled in China Model A1219
Rated 5V 2A max. EMC 2311 Complies with the Canadian ICES-003
Class B specifications. FCC ID: BCG-E2381A and IC: 579C-E2381A

„Steve Jobs – Das wahnsinnig geniale Leben des iPhone-Erfinders", Fischer Taschenbuch, 240 Seiten, 10 Euro

Tragbare Telefone gibt es seit Jahren.
Schon Elvis Presley hatte eins Anfang der 60er Jahre.
Lawdy miss clawdy!
Er hatte das Klobige Ding in einer Aktentasche, die ein Mitarbeiter für ihn trug.
In der albernen Serie Mini-Max aus den 1960ern, einer CIA-Parodie, hatte Spion Maxwell Smart ein Telefon im Absatz.
Für manche braucht man einen Stift.
Manche
Hallo
sind zu GROSS,
Manche sind zu klein.
Manche haben eine 450-Seiten-Anleitung
In den 80ern gibt es Autotelefone.
Manche sind unhandlich.
Manche Können nicht genug.
Alles geht, außer Telefonieren!
Hörst du mich?
HALLO?
Manche Können zu viel.
TV
Filme
RADIO
Thermos
GPS
GAG
Kau-gummi-fach
Das Handy wird immer beliebter, weil es kompaKter wird. ABER:

Tragbare Telefone gibt es seit Jahren.
Elvis Presley hatte eins Anfang der 60er-Jahre.
Manche sind unhandlich.
450-Seiten-Anleitung
HALLO?
Manche können zu viel.
APPLE
Phone
Diese Handys sind mies!
Sie sind unnötig kompliziert.
Wir hassen unsere Handys.
Nie-mals.
Wir müssen ein Phone designen, das WIR lieben.
Was?!
Steve, du bist irre!
Ein Knopf?
Etwas NICHT tun ist genauso wichtig wie etwas tun.
Vergiss es!
Unser Mobiltelefon wird EINEN Knopf haben. Kriegt das hin!

Steve sieht den ersten Prototyp.
Zu männlich.
Zu aufgaben-bezogen.
Ich will rundere Ecken.
MODEL
Kein Stift!
Davon haben wir 5 an jeder Hand.
Denk dran:
EIN
Knopf, nur einer.
MODEL 473
Anfangs versucht Apple es mit einem Trackwheel
MODEL 611
wie am iPod.

Apple entwickelt die Multi-Touch*-Technik für ein zukünftiges Tablet.
Als Steve die erste Demoversion von Multi-Touch auf einem Handy sieht, will er diese Technik sofort einsetzen.
* mit den Fingern coole Sachen auf dem Bildschirm machen, wie vergrößern.
Das ist die Zukunft!
Das ist es!!
Jony Ive

Wir haben's!
Aber ich will GLAS, Kein Plastik.
Wir finden jemanden, der das Kann.
Der Chef von Corning Glass kommt vorbei.
Wendell Weeks, CEO
Gorilla-Glas. Sehr hart, aber wir haben es seit 50 Jahren nicht mehr produziert.
Ionenaustausch
Kompressions-schicht
Der Manager gerät voll in Steves verzerrte Realität.
Siiiieeee schaffen das ...
... und erhält einen MAMMUT-Eil-Auftrag.

Jedes Jahr stellt Steve das neueste Apple-Produkt auf der Macworld vor, einer Verkaufsshow.
mac WORLD 2007
Heute gibt es 3 tolle Produkte!
Einen iPod mit großem Multi-Touch-Display!
Ein revolutionäres Mobiltelefon!
Und ein bahnbrechendes Internet-Kommunikationsgerät.
In nur EINEM Gerät! Bitte begrüßen Sie …
wow!
yes!
Weil Apple nun auch andere Geräte herstellt, streicht die Firma »Computer« aus ihrem Namen.

... das iPhone! Wahnsinnig genial!
Immer mal wieder kommt ein revolutionäres Gerät auf den Markt, das alles verändert.
Mehr als 6 Millionen iPhones werden im ersten Jahr verkauft.
Bis heute wurden mehr als 150 Millionen verkauft.
Es kostet 500 $.
Das Original-iPhone hat einen Knopf.

So ein COOLES Gerät bringt Tausende von COOLEN Applikationen hervor, APPS genannt.
Wie heißt der Song?
SHAZAM
Little Rootie Tootie MONK
google maps
You are here
Q V
Pandora RADIO
Instagram
Eine ganze APP-Industrie entsteht.
ALLE Apps müssen von Apple genehmigt werden. Sie können nur im iTunes-Store heruntergeladen werden.
Angry Birds Game
star walk
Im ersten Monat verkauft der App-Store 60 Millionen Apps.
Nach 8 Monaten sind es 1 Milliarde Downloads.

... Apples Version eines Tablets.
Der Perfektionist testet den neuesten Prototyp.
Das geht besser.
Das ist es nicht.
STÖHN!
Prototyp Nr. 3
Einfacher!
Die Ecken müssen runder sein!
Nicht benutzerfreundlich genug.
Wir verschieben den Erscheinungstermin.
Es muss PERFEKT sein!

Wahnsinnig genial! Das BESTE überhaupt!
edlere Graphiken als andere Tablets
unzählige schöne Apps,
die den User beschäftigen –
wie beim iPhone
300.000 iPads werden am ersten Tag verkauft, 15 Millionen in den ersten 9 Monaten.

Was ist auf deinem iPad?
Ich lese Shakespeare.
Ich entwerfe ein Haus.
Ich finde den Weg.
GPS
Ich bestimme Blätter.
Sassafras
Blatt
Ich sehe ein Video einer berühmten Rede von 2005.

In den späten Siebzigern ist nicht nur der Look anders, auch seine Einstellung zu Drogen: Einem Reporter erzählt er, LSD zu nehmen sei „eines der zwei oder drei wichtigsten Dinge, die er in seinem Leben getan habe".

Steve im Alter von drei Jahren mit seinem Adoptivvater Paul Jobs (1922–1993).

Eine charismatische Ausstrahlung muss Steve Jobs schon als 13 Jahre alter Schüler gehabt haben. Oder ist es nur seine Frechheit, mit der er auch später immer wieder Gesprächspartner überrumpeln sollte? Der Achtklässler will damals für ein Schulprojekt einen Frequenzzähler bauen und benötigt einige Bauteile dafür. Er spricht keinen Geringeren als Bill Hewlett an, den legendären Mitbegründer des Computerkonzerns Hewlett-Packard (HP). Der Silicon-Valley-Pionier steht in den Sechzigerjahren noch im Telefonbuch. Der schlaksige Junge schwatzt dem Konzern-Boss nicht nur die benötigten Bauteile ab, sondern ergatter auch noch einen Ferienjob bei HP.

Steve Jobs hält sich zur richtigen Zeit am richtigen Ort auf. Dabei ist ihm das Schicksal des erfolgreichsten Unternehmers Amerikas nicht in die Wiege gelegt worden. „Er war ein Junge, der kein Geld hatte", erinnert sich sein Freund und Apple-Mitbegründer Steve Wozniak. „Er hatte nichts außer seinem Verstand. Aber er brachte uns Dinge bei, die zu einer Herausforderung für uns alle wurden." Im Unterschied zu Industrie-Titanen wie Bill Gates stammt Steve Jobs nicht aus einem wohlhabenden Elternhaus, sondern aus kleinen Verhältnissen.

Er wird am 24. Februar 1955 in San Francisco geboren. Seine leiblichen Eltern, der syrische Student Abdulfattah John Jandali und seine amerikanische Freundin Joanne Simpson, geben ihn nach der Geburt zur Adoption frei. Das damals noch unverheiratete Paar, beide sind 23 und studieren an der Universität Wisconsin, kann sich 1955 nicht vorstellen, ohne eigenes Einkommen für ein Kind zu sorgen. Außerdem sind auch Simpsons Eltern strikt gegen die Beziehung.

Eigentlich bestehen die beiden darauf, dass ihr Baby von einer Akademiker-Familie adoptiert wird. Das soll gewährleisten, dass der Junge später auch auf die Universität gehen kann. Doch die Wunschfamilie entscheidet sich in letzter Minute dafür, doch lieber ein Mädchen haben zu wollen, und sagt die Adoption ab. Das Kind landet bei Paul und Clara Jobs.

Steves Adoptionseltern sind einfache Leute, der Vater Automechaniker, die Mutter Büroangestellte. Als Steve fünf Jahre alt ist, zieht die Familie von San Francisco nach Mountain View, mitten in das boomende Silicon Valley. In der neuen Nachbarschaft erzählt er einem Mädchen, dass er ein Adoptivkind sei, berichtet Buchautor Walter Isaacson in seiner Biografie über Steve Jobs: „Soll das heißen, dass dich deine richtigen Eltern nicht gewollt haben?", erkundigt sich das Mädchen. „Das traf mich wie ein Blitz", erinnert sich Jobs. „Ich weiß noch, wie ich ins Haus rannte und weinte." Die Eltern erklären ihm: „Wir haben speziell dich ausgesucht."

Steve Jobs (zweiter von rechts) 1969 im Elektronik-Club der Homestead High School

Jobs lernt viel von seinem Vater, der ein Highschool-Abbrecher ist und für die Kunden in der Nachbarschaft Autos frisiert. Vor allem weiß Paul Jobs, wie man bei der Beschaffung von Autoteilen durch geschicktes Verhandeln einen satten Gewinn einstreichen kann. In der Garage seines Vaters, in der später die ersten Angestellten von Apple arbeiten sollten, türmen sich Elektronikbauteile, die Paul Jobs auf irgendwelchen Schrottplätzen oder Elektronik-Flohmärkten ergattert hat. In der Garage verbringen Vater und Sohn beim gemeinsamen Tüfteln viel Zeit – geraten aber auch manchmal heftig aneinander. Regelmäßiges Streitthema ist der Marihuana-Konsum des Jungen, der schon mit 15 Jahren anfängt, regelmäßig zu kiffen.

Wer weiß, wohin der Lebensweg von Steve Jobs geführt hätte, wenn er in der Schule nicht auf den begeisterten Elektronikbastler Steve Wozniak getroffen wäre, der vier Klassen über ihm ist. Trotz des Altersunterschieds finden die beiden Steves schnell zusammen. „Es kam mir vor, als hätten wir eine Menge gemeinsam", erinnerte sich Woz später in seiner Autobiografie. „Normalerweise war es für mich ziemlich schwer, anderen die Dinge zu erklären, an denen ich gerade arbeitete. Aber Steve hat es sofort kapiert. Ich mochte ihn." Zusammen spielen sie ihren Mitschüler derbe Streiche; verkaufen später sogenannte Blue Boxes, mit denen man das Telefonsystem von AT&T so manipulieren kann, dass es möglich ist, kostenlos zu telefonieren. Woz ist der Tüftler, der die Boxen konstruiert und baut, Jobs der Dealer, der die kleinen Kistchen verkauft – und beinahe von der Polizei erwischt wird.

Seine erste Freundin, Chrisann Brennan, lernt Jobs kennen, als er 17 Jahre alt ist. Mit ihr campt er nach seinem Highschool-Abschluss den ganzen Sommer lang in einer Hütte. Jobs überredet seine Eltern, ihn auf eine kleine, private und liberale Kunsthochschule in Portland (Oregon) zu schicken. In dieser Zeit experimentiert er bereits mit einer frugalen Ernährung und härteren Drogen. In Portland lernt Jobs auch den Zen-Buddhismus kennen und übt Methoden zur spirituellen Erleuchtung und Bewusstseinserweiterung, oft auch in Kombination mit der Droge LSD.

In seiner berühmten Rede vor den Absolventen der Stanford University im Jahr 2005 erinnerte sich Jobs so an diesen Lebensabschnitt: „Naiverweise hatte ich mir ein College ausgesucht, das fast genauso teuer war wie Stanford. Und alle Ersparnisse meiner Arbeiterklasse-Eltern gingen für meine College-Gebühren drauf. Sechs Monate später sah ich keinen Wert mehr darin. Ich hatte überhaupt keine Idee, was ich mit meinem Leben anfangen wollte, und konnte mir auch nicht vorstellen, wie das College mir dabei helfen sollte, das herauszufinden. Und dafür gab ich das ganze Geld aus, das meine Eltern ihr Leben lang zusammengespart hatten. Also beschloss ich, das Studium abzubrechen und darauf zu vertrauen, dass am Ende alles okay werden wird. Ich hatte ganz schöne Angst damals, aber rückblickend ist es eine der besten Entscheidungen, die ich jemals getroffen habe."

Nach dem Studienabbruch stößt Jobs auf eine faszinierende Stellenanzeige: „Haben Sie Spaß und verdienen Sie dabei Geld." Atari, ein früher Videospiele-Hersteller, sucht nach technisch begabten Talenten. So erhält der 19 Jahre alte Studienabbrecher einen Job in der Games-Branche. Seine Kollegen können den Newcomer nicht leiden. Er nervt mit ständiger Kritik. Außerdem riecht er streng, weil er glaubt, dank seiner Joghurt- und Obst-Diät sich nicht regelmäßig duschen zu müssen. So landet Jobs in der Nachtschicht, um die neuen Atari-Games auszufeilen. Dort stört sich niemand an ihm. Nach rund sechs Monaten nutzt er eine Dienstreise für Atari nach Europa, um auf eigene Faust nach Indien zu fahren.

Seine Kollegen können ihn nicht leiden. Er nervt mit ständiger Kritik. Außerdem riecht er streng, weil er glaubt, dank seiner Joghurt- und Obst-Diät sich nicht regelmäßig duschen zu müssen.

Jobs beschäftigt sich in dieser Zeit intensiv mit den Lehren des Harvard-Professors Richard Alpert, der zum Hinduismus konvertiert ist und in Indien als Guru Ram Dass („Diener Gottes") lehrt. In Indien findet Jobs aber keine Erleuchtung, sondern wird immer wieder krank und landet bei einem Betrüger, der seine Guru-Rolle nur spielt. Desillusioniert kehrt er nach Kalifornien zurück und arbeitet weiter für Atari. Im Silicon Valley trifft er dann auch wieder Chrisann Brennan, die zuvor unabhängig von ihm nach Indien gepilgert ist. Sie ziehen für eine On-off-Beziehung in einen Vorstadtbau in Cupertino. Chrisann wird schwanger, Steve streitet die Vaterschaft ab. Am 17. Mai 1978 bringt Chrisann ein Mädchen zur Welt: Lisa.

Erst Jahre später bereut Jobs die Leugnung der Vaterschaft. „Ich wünschte mir, ich hätte mich anders verhalten. Ich konnte mich nicht als Vater sehen, also konfrontierte ich mich nicht damit. Doch als die Testergebnisse zeigten, dass sie meine Tochter war, zweifelte ich nicht daran. Ich war bereit, sie bis zu ihrem 18. Lebensjahr zu unterstützen und auch Chrisann finanziell unter die Arme zu greifen. Ich fand ein Haus in Palo Alto und ließ sie dort mietfrei wohnen. Chrisann suchte gute Schulen für meine Tochter aus, die ich bezahlte. Ich versuchte, das Richtige zu tun. Aber wenn ich die Zeit zurückdrehen könnte, würde ich es besser machen." Es ist eines der wenigen Male in seinem Leben, dass er öffentlich einen Fehler einräumt.

Wie alles begann…

1976

Steve Jobs, Steve Wozniak und Ronald Wayne gründen mithilfe des Wagniskapitalgebers Armas Clifford „Mike“ Markkula Apple Computer, um den Apple I zu vermarkten. Wayne ist mit 10 Prozent an der Firma beteiligt, Jobs und Wozniak halten jeweils 45 Prozent. Ron Wayne sollte das Zünglein an der Waage spielen, wenn sich die beiden Hauptakteure in die Haare bekommen. „Wir beide vertrauten ihm so sehr, dass er alle Konflikte, die wir haben, lösen würde“, erklärt Steve Jobs. Wayne steigt aber doch nach wenigen Wochen wieder aus, weil er das Risiko als Familienvater nicht tragen möchte.

Mai, 1976: Woz stellt den Apple I auf dem Meeting des Homebrew Computer Clubs vor. Der Rechner kostet 666,66 Dollar. Paul Terrell, Chef der Kette Byte Shop, platziert alleine 50 Bestellungen. Insgesamt werden rund 200 Exemplare verkauft.

EMERGENCIES
NO ADMIT

Der finnisch-amerikanische Geschäftsmann Mike Markkula posiert 1977 mit dem ersten Apple-II-Computer und seiner praktischen Tragetasche. Er ist einer der ersten Investoren (und ein Drittelbesitzer) von Apple Inc. und der zweite CEO.

1977

Im April bringt Apple den Apple II auf den Markt. Die Apple-II-Baureihe ist ein offenes System, das heißt, alle wesentlichen Konstruktionsdetails werden veröffentlicht. Dieses Bauprinzip wird später von IBM kopiert und als IBM-PC vermarktet. Der Apple II entwickelt sich zum ersten Mikrocomputer, der eine weite Verbreitung findet. Er kostet zur Einführung 1295 Dollar.

1978

Jef Raskin (34) fängt bei Apple Computer an. Er ist Beschäftigter Nummer 31. Ein Forschungsprojekt für einen neuen Niedrigpreis-Computer wird unter seiner Leitung gestartet. Daraus sollte später das Macintosh-Projekt werden. Raskin verlässt Apple im Jahr 1982, noch bevor der Mac auf den Markt kommt, weil er die Einmischungen von Steve Jobs nicht akzeptieren will.

1979

Steve Jobs und seine Mitarbeiter bei Apple besuchen das legendäre Forschungsinstitut Xerox PARC, wo sie mehrere neuartige Technologien sehen. Dazu gehören der Xerox Alto, der erste Personal Computer mit einer grafischen Benutzeroberfläche, die Computer-Maus sowie die objektorientierte Programmierung.

1980

Apple geht an die Börse und verkauft 4,6 Millionen Aktien zu einem Preis von 22 Dollar je Schein. Schon am ersten Tag steigt der Aktienkurs auf 29 Dollar, Apple weist einen Marktwert von knapp 1,8 Milliarden Dollar auf. Die Spezifikationen für den Apple Lisa werden erarbeitet. Darin befinden sich etliche Features, die Apple-Mitarbeiter im PARC gesehen haben.

1981

Steve Jobs übernimmt das Macintosh-Projekt. IBM führt seinen PC ein. Apple „begrüßt" IBM in einer Anzeige im PC-Markt. Steve Wozniak verunglückt mit einem Privatflugzeug und zieht sich teilweise von Apple zurück.

1983

Der Apple Lisa kommt am 22. Januar 1983 für 9995 Dollar auf den Markt. Da der Absatz stockt, sinkt der Preis Ende des Jahres auf 6995 Dollar. Im April überzeugt Steve Jobs den Präsidenten von Pepsico, John Sculley, zu Apple zu kommen. „Wollen Sie den Rest Ihres Lebens Zuckerwasser verkaufen, oder wollen Sie die Chance ergreifen und die Welt verändern?", lautet die legendäre Frage von Jobs, mit der er letztlich Sculley als Apple-Chef gewinnen kann.

Ellen Nold, Managerin für Support-Programme, im Jahr 1986. Auf ihrem Schreibtisch steht eine „Lisa", der erste verbraucherorientierte Personal Computer, der eine grafische Benutzeroberfläche verwendet.

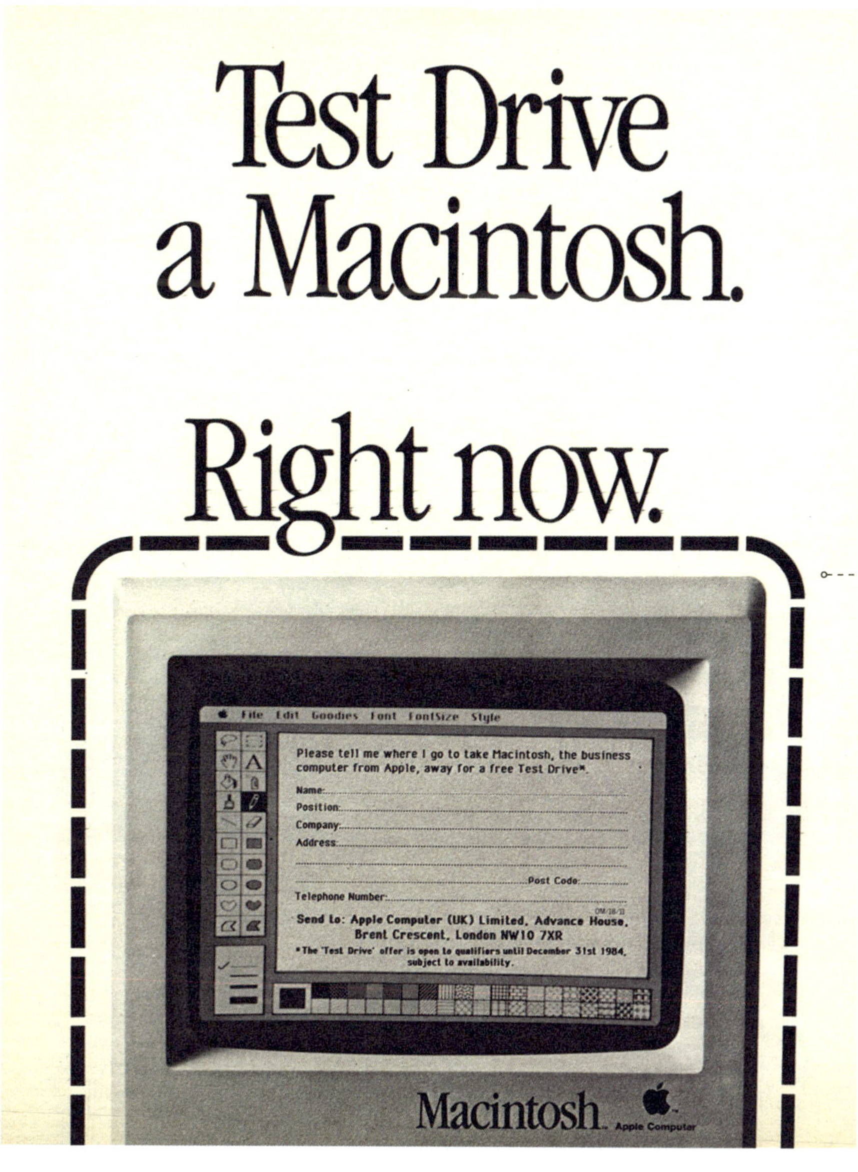

1984

Um sich für das Werbefilm-Festival in Cannes qualifizieren zu können, lässt Apple den berühmten Big-Brother-Werbespot für den Mac im Dezember 1983 auf dem TV-Sender KMVT in Twin Falls (Idaho) ausstrahlen. Am 22. Januar 1984, sechs Wochen später, wird der Spot dann in einer Werbepause im Super Bowl XVIII gesendet. Die Werbung räumt nicht nur in Cannes ab, sondern wird von den TV-Sendern in den News immer wieder ausgestrahlt. Die Agentur Chiat/Day errechnete, dass der „1984"-Spot kostenlose Publicity im Wert von über fünf Millionen Dollar generiert hat.

24. Januar 1984: Der Mac kommt für 2495 Dollar auf den Markt. Der Apple Lisa 2 ist für 3495 Dollar zu haben. Apple startet das Werbeprogramm „Test a Mac". Interessenten können einen Mac kostenlos für 24 Stunden von einem Händler nach Hause nehmen, um ihn auszuprobieren. Obwohl die Aktion bis dahin einzigartig und innovativ ist, zeigt das Programm nicht den gewünschten Erfolg. Zum einen sind zu wenige Macs zunächst erhältlich. Und viele Kunden bringen die Rechner nicht mehr in einem einwandfreien Zustand zurück in die Läden, sodass erhebliche Reparaturkosten anfallen.

24. April 1984: Der Apple IIc wird vorgestellt. Er ist der erste portable Computer, wobei der Buchstabe c für „compact" (kompakt) steht. Mit den verschiedenen Apple-II-Reihen bestreitet Apple den Hauptteil seines Geschäfts.

1985

Der Absatz des Macs stockt, weil zu wenige Anwendungen verfügbar sind. Nach einem Machtkampf mit dem damaligen Apple-CEO John Sculley wird Steve Jobs von seinen operativen Aufgaben entbunden. Jobs kehrt Apple den Rücken, gründet die Computerfirma NeXT, Inc. und kauft mit dem Erlös aus Aktienverkäufen die Trickfilmsparte von Lucas Film, woraus Pixar entsteht. Der Apple Lisa wird eingestellt. Einige Modelle werden umgewandelt und als Mac XL verkauft. Microsoft lizenziert einige der Mac-Technologien, um sein Office-Paket für den Mac entwickeln zu können. Ende 1985 veröffentlicht Microsoft seine erste Windows-Version 1.01.

Der Signature-Look

Jahrelang trägt der Apple-Gründer den immer gleichen Look: einen schwarzen Turtleneck-Pulli, „501"-Jeans, New-Balance-Turnschuhe – und das Brillenmodell „Lunor Classic Rund" aus Deutschland

So ziehe ich mich an. Ich habe genug für den Rest meines Lebens", mit diesen Worten öffnete Steve Jobs seinen Kleiderschrank und ließ seinen Biografen Walter Isaacson einen Blick auf den Stapel schwarzer Pullis werfen …

Jobs machte den schwarzen Rollkragenpullover und die „501"-Jeans zu seinem ikonischen Kleidungsstil; jeder verbindet ihn mit diesem Look. Und obwohl dieses Outfit als Repräsentation von Jobs und in geringerem Maße auch von Apple selbst über die Grenzen Amerikas bekannt wurde, wurde seine Idee, eine Uniform für alle einzuführen, nicht allzu sehr gefeiert. Apples Mitarbeitern lehnten sie rundweg ab, wie Steve Jobs in der einzigen von ihm autorisierten Biografie verriet:

„Während einer Reise nach Japan im Jahr 1980 sprach Jobs mit dem Chairman von Sony, Akio Morita, und fragte ihn, warum in dessen Fabriken alle Angestellten Uniformen trugen. ‚Er machte ein sehr verschämtes Gesicht und erzählte mir, dass die Menschen nach dem Krieg nichts zum Anziehen hatten und dass die Firmen, so auch Sony, ihren Arbeitern etwas zur Verfügung stellen mussten', erinnerte sich Jobs. Im Laufe der Jahre entwickelten die Uniformen ihre eigenen charakteristischen Stil, insbesondere bei Firmen wie Sony, und sie wurden zu einem Mittel der Mitarbeiterbindung. ‚Ich beschloss, dass ich auch so eine Form der Bindung an Apple wollte', erinnert sich Jobs."

Sony, wo man großen Wert auf Stil und Schlichtheit legt, beauftragte den bekannten japanischen Designer Issey Miyake damit, sogenannte Dienstanzüge für die Mitarbeiter des Weltkonzerns zu entwerfen. Heraus kam eine Jacke aus reißfestem Nylon, von der man die Ärmel mit einem Reißverschluss abtrennen konnte, um daraus eine Weste zu machen. Der Apple-Chef war begeistert und bat Miyake, eine Weste für die Apple-Mitarbeiter zu entwerfen. „Ich kehrte mit ein paar Mustern zurück und erzählte jedem, wie toll es wäre, wenn wir alle diese Westen tragen würden. O Mann, ich bin selten so was von ausgebuht worden. Alle fanden die Idee furchtbar."

Steve Jobs jedoch fand Gefallen an der Vorstellung, eine Uniform für sich selbst zu entwerfen, zum einen aus Gründen der Bequemlichkeit – ein tägliches Lieblingsoutfit damit er „jeden Tag eine Entscheidung weniger treffen muss" – und zum anderen, weil sie einen unverwechselbaren Stil verkörpern würde. „Ich bat Issey also, mir ein paar dieser schwarzen Rollkragenpullover anzufertigen, die ich mochte. Er machte mir etwa 100 Stück."

Das Festhalten an dieser „Uniform" hat dazu beigetragen, Jobs zu einem der bekanntesten CEOs der Welt zu machen. „Berühmte Geschäftsleute und Politiker sind dafür bekannt, dass sie mit ihrer Garderobe konsistent sind, weil es ihre Markenidentität ist", bestätigt auch Dan Schawbel, Gründer von Millennial Branding und Autor von „Me 2.0". „Es geht darum, wer sie sind, wie sie sich selbst repräsentieren und damit eine Aussage machen wollen. Es geht nicht darum, was man trägt, sondern was man erreicht. Auch Mark Zuckerberg trägt z. B. legere Kleidung, weil er die ganze Generation der jungen Leute repräsentiert, die keine Anzüge bei der Arbeit tragen wollen."

„Lunor Classic Rund PP“
Zwei Bügel, ein Nasensteg und zwei kreisrunde Gläser. Jobs trug diese Brille 14 Jahre lang – also seit 1997, als er als CEO von Apple zurückkehrte, bis zu seinem Tod.

Schwarzer Turtleneck von Issey Miyake
Auch die US-Bekleidungsfirma St. Croix stellte einige von Jobs' Rollkragenpullis her. Nach Bekanntgabe seines Todes stiegen die Verkaufszahlen des berühmten Rollkragenpullovers noch mal deutlich an, und die Firma kam kaum mit der Produktion hinterher.

„Levi's 501“-Jeans
Immer dabei: blaue Levi's – bei der Vorstellung des iPad, des iPod, des iEverything. Sie sehen weder neu noch alt aus, sie sitzen oberhalb der Hüfte, aber unterhalb der Taille, immer geknöpft, nie gegürtet.

„M992 New Balance“-Sneakers
Der New Balance 992 hatte über viele Jahre hinweg einen berühmten Fan: Apple-Genie Steve Jobs trug die Sneakers sowohl privat als auch bei den Live-Keynotes seines Unternehmens.

Die NeXT-Story

Juni 1986: Endlich wusste Steve Jobs, wie sein neuer Computer aussehen würde! Paul Rand, der berühmte US-amerikanische Grafikdesigner, der auch die Unternehmenslogos für IBM und UPS kreiert hat, hatte soeben einen Entwurf vorgelegt …

Fast ein ganzes Jahr lang hatte er auf diesen Augenblick gewartet. Er hatte IBM überzeugen müssen, Rand für ihn arbeiten zu lassen. Außerdem hatte Rand 100.000 Dollar verlangt. 100.000 Dollar, für einen einzigen Entwurf! Im Voraus, versteht sich. Aber jetzt war er sich sicher, seine Geduld hatte sich gelohnt. Noch nie hatte er 100.000 Dollar so gut investiert. Er, Steve Jobs höchstpersönlich, der von Apple verstoßen wurde. Nun konnte er seinen Blick kaum mehr von Rands Arbeit lösen, was er sah, faszinierte ihn. Paul Rand hatte zuvor schon das IBM-Logo kreiert. Doch vor seiner neuesten Schöpfung würden all die alten Werke verblassen.

Was Steve Jobs zu sehen bekam, sah aus wie ein großer schwarzer Würfel. Auf der dem Betrachter zugewandten Seite standen vier farbige Buchstaben in schnörkelloser Schrift: Ein „N", ein „e", ein „X" und ein „T". NeXT. NeXT, das Nächste. So würde er seine neue Firma nennen, das wusste Jobs seit Monaten. Das Logo war perfekt, auch das wusste Jobs. Das herausstechende „e" stand für „education", „excellence", „expertise", „exceptional", „excitement" und „e=mc^2". Das passte genau! Der Würfel als einfacher geometrischer Körper strahlte Schlichtheit, Perfektion, Eleganz und Macht aus. Der Würfel war ein Baustein; ein Baustein auf dem Weg zu hehren Zielen. Das Logo war perfekt, wahrhaftig. Nur leider hatte Steve ein Detail übersehen: Der stolze Würfel stand auf einer einzigen Ecke. Dadurch wirkte er zwar majestätisch und mächtig, doch irgendwann würde er unweigerlich das Gleichgewicht verlieren, umkippen, und auf dem Boden der Realität aufprallen.

Es sollte nur sechs Jahre dauern, bis der Würfel gefallen war

Im September 1985 hatte Steve Jobs bei Apple sein Kündigungsschreiben eingereicht. Sein Abgang erfolgte nicht freiwillig, aber Jobs zog es vor, selbst zu springen, bevor er gestoßen wurde. Damals war Jobs 30 Jahre alt, hinter ihm lag eine Bilderbuchkarriere. 1976 hatte er Apple gegründet, nur vier Jahre später führte er das Unternehmen an die Börse. Steve hatte John Sculley eingestellt, Steve hatte den Macintosh auf den Markt gebracht. Jeder im Lande kannte ihn. Er war ein ganz Großer. Er hatte den Menschen den Computer gebracht, sein Gesicht strahlte von den Titelseiten der auflagenstärksten Magazine der Welt. Ein halbes Jahr vor seiner Kündigung war Apple in ernsthafte Probleme geschlittert, der Mac verkaufte sich weit schlechter als ursprünglich prognostiziert. Apples Vorstand geriet zur Überzeugung, dass Jobs dem Unternehmen schade. Apple musste die Interessen der Aktionäre bedienen, der charismatische Medienstar Jobs war dabei nur störend. Steve Jobs wollte große Taten vollbringen. Er wollte einen Flachbildschirm entwickeln und bat den Vorstand, 20 Millionen Dollar in dieses Forschungsprojekt zu investieren. Der Vorstand lehnte ab, er hatte kein Vertrauen mehr in Jobs.

Schnell war Jobs bewusst geworden, dass seine Zeit bei Apple abgelaufen war. Er hatte die Kontrolle über Apple verloren, er hatte keine Macht mehr. Bald wurde ihm klar, dass er eine neue Firma gründen würde. Die Firma erhielt den provokativen Namen „NeXT". Vorerst nahm sich Steve Jobs eine Auszeit, er musste sich neu sammeln. Er bereiste verschiedene Länder, er suchte neue Ziele. Doch vor allem brauchte er einen Plan, um sich an Apple zu rächen. Er wollte der Welt zeigen, dass der Mac keine Eintagsfliege gewesen war. Sein Erfolg war kein Zufall, er konnte die Welt ein zweites Mal verändern. Und Apple wollte er beweisen, dass sein Rausschmiss ein Fehler gewesen war. Er würde einen besseren Computer als den Mac bauen, einen Computer, mit dem er Apple vom Erdboden fegen konnte.

NeXT-Mitarbeiter der ersten Stunde

Jobs gründete NeXT gemeinsam mit einer Reihe von ehemaligen Apple-Mitarbeitern. Mit von der Partie waren Rich Page, George Crow, Bud Tribble, Dan'l Lewin und Susan Barnes. Einige der Gründer hatten zuvor bei Apple am „Big Mac"-Projekt gearbeitet. Ihr Ziel war die Entwicklung eines Computers gewesen, der eine Million Rechenoperationen pro Sekunde abarbeiten konnte und auf dem ein UNIX-System lief. Apple räumte dem Projekt höchste Priorität ein. Als Sculley realisierte, dass seine Angestellten zu NeXT überliefen, verklagte er Jobs' neues Unternehmen. Doch schon bald wurde ihm die Lächerlichkeit seines Unterfangens bewusst. Wie sollte jemand eine Bedrohung für Apple darstellen, der nur wenige Wochen zuvor als inkompetent abgestempelt wurde? Sculley zog seine Klage still und heimlich zurück. Unterdessen hatte sich NeXT in Jobs' Villa in Woodside eingenistet. Einige Zeit später wurde der Firmensitz nach Palo Alto verlagert. Steve hatte entschieden, dass NeXT die Arbeit an einem Computer für das höhere Bildungswesen aufnehmen solle. Für das nötige Startka-

Immer schon ein überragender Verkäufer: NeXT-CEO Steve Jobs mit dem NeXT-Computer im Jahr 1988.

Steve Jobs entspannt sich inmitten seines Teams beim Firmenpicknick im August 1987.

pital sorgte der Chef gleich selbst, indem er 7 Millionen Dollar in NeXT investierte. Damals besaß Steve Jobs noch Apple-Aktien im Wert von 100 Millionen Dollar. Bis im Februar 1986 verkaufte Jobs jedoch sämtliche Aktien zu einem – wie sich im Nachhinein herausstellte – äußerst ungünstigen Kurs. Insgesamt erhielt er lediglich 70 Millionen Dollar für seine vier Millionen Anteilsscheine. Jobs gab an, er habe seine Aktien abgestoßen, weil er kein Vertrauen mehr in die Apple-Führung besaß. Einen einzigen Anteilsschein behielt Jobs, damit er die Jahresberichte von Apple weiterhin zugeschickt bekam.

NeXT stand von Beginn an im Blickpunkt der Öffentlichkeit. Steve Jobs kündigte an, seinen Computer spätestens im Frühjahr 1987 auf den Markt zu bringen. Und die Medien trauten es ihm durchaus zu, nach dem Mac einen weiteren Erfolg zu landen. Bereits 1985 veröffentlichte die Newsweek einen ausführlichen Bericht über NeXT. Jobs mochte es überhaupt nicht, alle Aufmerksamkeit auf sich zu ziehen. Um einen Computer zu entwickeln, musste Jobs ein Team aus fähigen Mitarbeiten aufbauen. Er suchte nach Leuten, für die er selbst nicht eine Ikone war. Bei der Rekrutierung von neuen Mitarbeitern nutzte Jobs seine Bekanntheit gnadenlos aus. Seine Mitbegründer von NeXT hatten zuvor allesamt hohe Posten bei Apple innegehabt. Und trotzdem zögerten sie keine Sekunde, als Jobs ihnen eine neue Arbeit anbot, sie hatten blindes Vertrauen in Steves Fähigkeiten. Die meisten von ihnen waren erst 30 oder jünger, sie alle waren unglaublich talentiert und willensstark. Für Steve sollten nur die besten arbeiten. Jeder Bewerber wurde von Jobs persönlich beurteilt. Dabei spielte

> „Wir bekommen unsere Rache. Wir zeigen ihnen, wohin der Hase läuft.“
>
> – Steve Jobs über Apple in einer Rede an seine Angestellten am Vorabend der Präsentation

Steve mit seinem Charisma, er wirkte unglaublich verführerisch. Auf einmal wollte jeder in seiner Umgebung arbeiten. Jobs konnte es sich leisten, selbst Anfängerposten mit hoch qualifizierten Leuten zu besetzen.

Steve Jobs hatte eine Vision: Sein neuer Computer sollte das Bildungswesen revolutionieren. Seinen Angestellten bot er die verlockende Aussicht, ein Werkzeug für Studenten zu kreieren. Jeder, der an Jobs' Mission teilnahm, konnte die Zukunft der Gesellschaft lenken. Mit ihrem Computer würde jeder Mensch Simulationen durchführen können, für die zuvor millionenteure Labors nötig waren! Doch bis es so weit war, bestand Jobs auf strikter Geheimhaltung. Im ganzen Silicon Valley begann man zu rätseln, woran genau Steve arbeitete.

Hinter den Kulissen dauerte es einige Monate, bis die Arbeit am NeXT-Computer in Gang kam. Jobs wollte mit der konkreten Planung erst beginnen, als Apples Klage vom Tisch war. Erst im Februar 1986 zog Sculley die Klage endgültig zurück. In der Zwischenzeit beschäftigte sich Jobs mit dem Gedanken, wie er NeXT zu einem perfekten Unternehmen machen könnte. Verglichen mit der Anfangszeit bei Apple standen die Zeichen jetzt viel besser. NeXT verfügte über alle erdenklichen Ressourcen. Bei Apple hatte alles in einer Garage begonnen, NeXT hingegen stand von Beginn an eine moderne Infrastruktur zur Verfügung. Geld war im Überfluss vorhanden. Und genau das wurde Jobs zum Verhängnis.

Schon immer legte Steve Jobs großen Wert auf Ästhetik. Bei der Entwicklung des Macs wurde viel Zeit in den Designprozess investiert. Auch als seine Mittel begrenzt waren, wollte Jobs stets nur Computer bauen, die schick aussahen. Steve hatte gelernt, sparsam zu sein und trotzdem keine Kompromisse bei der Entwicklung seiner Produkte einzugehen. Das stellte ihn bei NeXT plötzlich vor Probleme. Auf einmal war Geld kein Thema mehr. Steve fiel es unglaublich schwer, zu entscheiden, für was er sein Geld ausgeben wollte. Er dachte, dass der NeXT-Computer noch viel besser aussehen müsse als der Macintosh. Bei NeXT sollte alles perfekt sein: die Bürogebäude, die Einrichtung, die Fabrik. Nur wenn seine Mitarbeiter in einer perfekten Umgebung arbeiten könnten, würden sie in der Lage sein, all ihre kreativen Kräfte freizusetzen.

Ein Jahr nach der Gründung beschäftigte NeXT bereits 200 Angestellte. NeXT war noch immer weit von der Produktion eines Computers entfernt. Bisher hatte NeXT erst ein Produkt entwickelt, von dessen Existenz niemand außerhalb der Firma Bescheid wusste: einen Monitorsockel. Einen verstellbaren Monitorsockel. Einen Monitorsockel, auf den Steve unglaublich stolz war. Schließlich war es der beste Monitorsockel der Welt!

Steve Jobs war extrem stark auf jedes Detail fokussiert, er schraubte die Zielsetzungen immer höher. Dadurch fiel die Entwicklung des NeXT-Computers immer weiter hinter den ursprünglichen Zeitplan zurück. NeXT wurde zu einer riesigen Geldvernichtungsmaschine. Nach weniger als einem Jahr war das komplette Startkapital aufgebraucht. Ursprünglich wollte Steve Jobs NeXT alleine finanzieren, doch er begriff, dass ein unabhängiger Investor der Firma mehr Glaubwürdigkeit verleihen würde. Nachdem er sich mit mehreren Risikokapitalgebern unterhalten hatte, war er bereit, für drei Millionen Dollar eine zehnprozentige Beteiligung an NeXT zu verkaufen. Trotzdem fand Jobs keine Interessenten, die Investoren hielten den Preis für viel zu hoch, schließlich war NeXT ein Start-up-Unternehmen, das noch kein einziges Produkt auf dem Markt hatte.

Zufälligerweise sah im November 1986 der texanische Unternehmer Henry Ross Perot im Fernsehen eine Kurzdokumentation über NeXT. Er war so begeistert von dem Bericht und von Jobs' Persönlichkeit, dass er Jobs unverzüglich anrief und dabei sagte: „Wenn sie je einen Investor brauchen, rufen Sie mich an." Steve Jobs wusste, dass Ross Perot genau der richtige Geldgeber für NeXT sein würde. Er ließ eine Woche verstreichen, ehe er Perot eine Beteiligung an NeXT anbot. Perot besichtigte im Januar die noch leer stehende NeXT-Fabrik und war von der Firma und insbesondere von den dahinterstehenden Köpfen tief beeindruckt. Im Februar 1987 kam der Deal schlussendlich zustande. Jobs hatte Perot 16 Prozent der Anteile an NeXT für den völlig überrissenen Preis von 20 Millionen angeboten. Perot hatte akzeptiert, ohne auch nur mit der Wimper zu zucken.

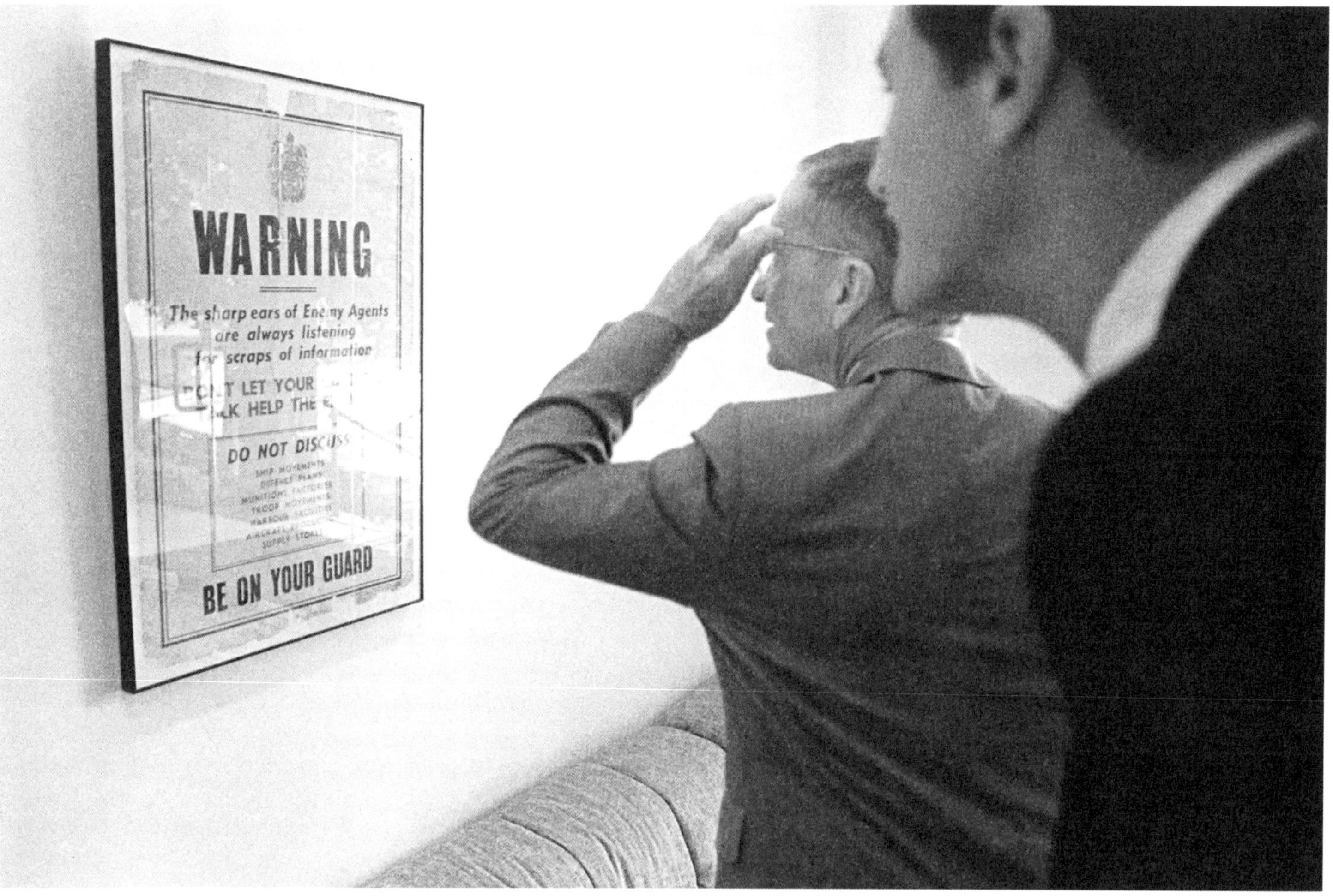

1987 erwarb der US-amerikanische Unternehmer und Politiker Ross Perot (links) für 20 Millionen US-Dollar einen Anteil von 16 Prozent an NeXT.

Steve Jobs besaß eine ganz spezielle Art, mit seinen Angestellten umzugehen. Für ihn war NeXT gleichzeitig sein Leben, seine Berufung und sein Schicksal. Und diese Einstellung forderte er auch von seinen Mitarbeitern. Die Mitarbeiter, die Jobs umgaben, verfügten über weit bessere technische Kenntnisse als ihr Chef. Dennoch kam es immer wieder vor, dass Steve Jobs bei einem seiner Rundgänge durch die Büros einem hohen Angestellten über die Schulter sah und zu dessen Arbeit in furchterregendem Tonfall sagte: „Das ist Mist!" Für Steve Jobs war es unverständlich und gleichzeitig unglaublich frustrierend, wenn seine Mitmenschen seinen Perfektionismus und seine Visionen nicht verstanden oder nicht umsetzen wollten.

Steve war ein Tyrann, er war arrogant, frech und unverschämt, doch seine unverblümten Aussagen und Befehle trieben seine Mitarbeiter zu Höchstleistungen. Für Steve zu arbeiten war unglaublich anstrengend. Eines Tages im Herbst 1986 informierte Jobs zahlreiche Angestellte darüber, dass sie von diesem Tag an bis Weihnachten alle Wochenenden durcharbeiten und auch an den Abenden länger in der Firma bleiben müssten. Das waren Zustände, wie sie 1983 im Mac-Team bei Apple geherrscht hatten.

In der Zeit, in der sich NeXT noch in der Aufbauphase befand, ging es mit Apple wieder aufwärts. Der Macintosh hatte die Revolution des Desktop Publishing ausgelöst. Auf einmal war es möglich, aufwendig gestaltete Zeitschriften und Broschüren am Computer zu erstellen. Jobs war einer der Hauptverantwortlichen für diesen Erfolg, das erfüllte ihn mit Stolz. Insgeheim wünschte sich Steve, eines Tages zu Apple zurückzukehren. In seinem Innersten spürte Jobs, dass sein Herz noch immer an Apple hing. Gleichzeitig war Steve auch mit der Situation in seinem Privatleben unglücklich. Zu vielen seiner ehemaligen Freunde aus der Apple-Familie hatte er keinen Kontakt mehr. Das alles führte dazu, dass er sich noch mehr in seine Arbeit stürzte und dass sein stetig gesteigerter Perfektionismus nahezu selbstzerstörerische Züge annahm. Jobs hatte sich das Ziel gesteckt, mit einem neuen, großartigen Computer Apple zu besiegen. Doch die Tatsache, dass Apple in den späten 80er-Jahren eine sehr erfolgreiche Periode durchlebte, erhöhte den Druck auf NeXT ungemein. Sein neuer Computer musste eine Bombe werden; mindestens.

Erster NeXT-Computer

Schwarz sah er aus. Schwarz und bedrohlich. Genauso wie der Würfel auf dem Emblem der Firma. Erst im Sommer 1988 war er fertig geworden, der erste Prototyp des NeXTcube, des ersten Computers aus dem Hause NeXT. Die gesamte Technik war untergebracht in einem mattschwarzen Magnesium-Hexaeder. Alles wirkte abstrakt und extravagant. Und auch die anstehende Präsentation sollte dem Produkt in Nichts nachstehen. Steve Jobs hatte die Davies Symphony Hall als Geburtsort für den NeXT-Computer bestimmt. Der Raum bot eine hervorragende Akustik, sodass die Stereo-Qualitäten des Rechners voll zur Geltung kommen konnten. Für seine dreistündige Rede erhielt Steve Jobs ein gewaltiges Medienecho, der Rummel um den NeXT-Computer war größer

als bei der Einführung des IBM-PCs oder des Macintosh. NeXT kündigte an, den Computer ausschließlich an Universitäten und Colleges zu verkaufen. Dort konnten Studenten das Gerät für 6500 Dollar erwerben. Zusammen mit einem Laserdrucker und dem passenden 17-Zoll-Bildschirm kostete der Computer über 10.000 Dollar. Zweifellos stellte der NeXT-Computer sämtliche PCs und Macs in den Schatten. Er besaß einen 32-Bit-Prozessor von Motorola mit 25 MHz und neben einer FPU noch weitere Co-Prozessoren, beispielsweise für die Digitalisierung von Audiomaterial. Eine Weltneuheit stellte das optische Laufwerk von Canon dar. Es bot 256 Megabyte Speicher und funktionierte ähnlich wie eine CD-ROM, arbeitete aber wesentlich schneller. Zudem waren die für 50 Dollar erhältlichen Scheiben wiederbeschreibbar. Beeindruckend war auch das Softwarepaket: Neben dem Betriebssystem legte NeXT eine leistungsfähige Datenbank, einen Informationsmanager, ein E-Mail-System, eine Textverarbeitung, Mathematica und eine moderne Entwicklungsumgebung bei.

Für NeXT lief alles wie in einem Traum: Innerhalb von knapp drei Jahren hatte man einen Computer gebaut, der technologisch jedem Konkurrenzprodukt überlegen war. Doch der Computer war nicht nur schnell, sondern sah auch noch schick aus und wurde in einer vollautomatischen Manufaktur gefertigt. NeXT hatte viel Geld, besaß ein fantastisches Produkt und genoss die überschwänglichen Kritiken der Presse. Nur etwas fehlte NeXT, etwas ganz Entscheidendes: nämlich die Kunden, die den teuren Rechner kaufen sollten. Sehr schnell wurde die Truppe rund um Steve Jobs von der Realität eingeholt. NeXT hatte sich bei der Einschätzung des Marktpotenzials gewaltig verspekuliert. Sie hatten einen Computer für das höhere Bildungswesen gebaut, doch wer war das höhere Bildungswesen? Der NeXT-Computer war eine Mischung aus PC und Workstation. Für eine Workstation fehlte ihm schlicht die Rechenpower, für einen PC war er überdimensioniert und zu teuer. Sun Microsystems stattete viele Universitäten gratis mit leistungsfähigen Workstations aus, sodass keine Nachfrage nach einem 10.000-Dollar-PC bestand. Und für Studenten ließ der Rechner zwar keine Wünsche offen, doch leisten konnte ihn sich kaum jemand.

> „Wir haben die Arbeit bei Jobs angenommen, weil wir das Bildungswesen revolutionieren wollten. Die Anfänge von NeXT hatten etwas von einer Mission und einem Kreuzzug. Es war so wie damals, als er den ersten Mac erfunden hat."
>
> – Allison Thomas, Beraterin

Bereits im März 1989 gab NeXT seine ursprüngliche Absatzpolitik auf. Obwohl der NeXTcube brandneu war, wollte ihn niemand kaufen. Die monatliche Produktion wurde innerhalb weniger Monate zuerst auf 400 und kurz darauf auf 100 Exemplare heruntergefahren, doch selbst das war noch zu viel. Deshalb ging NeXT weniger als ein halbes Jahr nach der Einführung ihres Computers eine Partnerschaft mit der Einzelhandelskette Businessland ein. Businessland verkaufte den NeXTcube in ihren Shops zum stolzen Preis von 9995 Dollar. Das Ziel lautete, im ersten Jahr mindestens 10.000 Rechner absetzen zu können, doch nach zehn Monaten hatte Businessland noch keine 400 Stück verkauft.

Dennoch riss die positive Berichterstattung über NeXT nicht ab. Im Juni investierte Canon 100 Millionen Dollar für eine 16-prozentige Beteiligung in NeXT. Ein großer Teil dieses Geldes floss in den Ausbau der Produktionsanlagen, sodass man mehrere Zehntausend Computer pro Monat hätte fertigen können. Nach außen sah es so aus, als ob NeXT stark wachsen würde. Vier Jahre nach der Gründung beschäftigte NeXT mehr als 500 Angestellte, man bezog zwei neue, sehr luxuriös ausgestattete Bürogebäude in Redwood City.

Dem Management war schnell klar geworden, dass NeXT mit ihrem ersten Computer einen beispiellosen Flop produziert hatte. Aber da NeXT als privates Unternehmen keine Bilanzen veröffentlichen musste, drangen die Probleme gar nicht bis an die Öffentlichkeit vor. Die Presse feierte NeXT unaufhörlich, und man traute es Steve Jobs noch immer zu, Apple zu übertrumpfen. Und tatsächlich tat sich im Frühsommer 1989 eine Möglichkeit auf, die NeXT ganz neue Perspektiven bescherte.

IBM, der weltgrößte Computerhersteller, bat NeXT um eine Zusammenarbeit. Für Steve Jobs kam diese Anfrage wie aus heiterem Himmel. Zusammen mit Apple hatte er erbittert gegen IBM angekämpft, und jetzt sollte er sich plötzlich mit Apples Feind verbünden? Was auf den ersten Blick als nicht nachvollziehbar erschien, ergab aus der Sicht von IBM durchaus Sinn. Zwar war IBM noch immer ein großer Name der Branche, doch auch Big Blue hatte erkannt, dass die wirkliche Macht im PC-Business bei Microsoft lag. Seit Apple mit dem Macintosh die grafische Benutzeroberfläche massentauglich gemacht hatte, nahm die Bedeutung der Betriebssysteme laufend zu. NeXT stellte zwar mit ihrem Hochpreiscomputer für IBM keine Gefahr dar, aber dennoch wurden die hohen Tiere von IBM auf den würfelförmigen Computer aufmerksam. Doch sie interessierten sich weniger für die Hardware, sondern viel mehr für die Software. IBM wollte sich seit Langem aus der Abhängigkeit von Microsoft lösen. Zusammen mit Microsoft arbeitete IBM an einem neuen Betriebssystem mit dem Namen OS/2. Doch mit der zunehmenden Verbreitung von Windows sank das Interesse von Microsoft an einem Nachfolgesystem. Doch welche Alternativen hatte IBM? Apple war der einzige Konkurrent von Microsoft, doch das Unternehmen aus Cupertino war nicht gewillt, die Macintosh-Plattform zu öffnen. In dieser ausweglos erscheinenden Situation fielen die Blicke der IBM-Manager auf NeXT.

NeXT hatte stets seine Hardware in das Licht der Öffentlichkeit gerückt. Steve Jobs legte Wert auf das Erscheinungsbild des Computers. Damit konnte er zwar den Journalisten imponieren, die Konkurrenz ließ sich aber vom schmuckem Design und von den vollautomatischen Produktionsstätten wenig beeindrucken. Im Grunde wäre jeder PC-Hersteller in der Lage gewesen, aus den entsprechenden Komponenten einen gleichwertigen Computer wie den NeXTcube zu bauen. Die wirkliche Errungenschaft des NeXT-Rechners war sein Betriebssystem.

OpenStep auf Windows NT

Steve Jobs ließ den NeXTcube mit dem Ziel konstruieren, einen besseren Computer als den Macintosh zu bauen. Von Anfang an

Wegen ihres außergewöhnlichen Designs, das von dem auch für Apple tätigen Unternehmen Frog Design des deutsch-amerikanischen Produktdesigners Hartmut Esslinger stammte, sind einige NeXT-Rechner in Museen moderner Kunst ausgestellt, etwa in der Neuen Sammlung der Pinakothek der Moderne in München und im Museum of Modern Art in San Francisco.

war ihm klar, dass dieses Ziel nur zu erreichen war, wenn auf dem NeXT ein leistungsfähiges System mit grafischer Benutzerschnittstelle arbeiten würde.

Um ein solches System zu entwickeln, brauchte Jobs fähige Mitarbeiter. Steve sagte einmal, dass nur ein Prozent aller Softwareentwickler wirklich gut sei und dass bei NeXT nur gute Leute arbeiten würden. Einer dieser Leute war Avie Tevanian, der in der Softwareabteilung von NeXT arbeitete. Vor seiner Arbeit als Chefentwickler bei NeXT hatte Avie mitgeholfen, den MACH-Mikrokernel zu entwickeln. Das Prinzip des Mikrokernels bestand darin, möglichst viele Prozesse aus dem Systemkern auszulagern, um eine maximale Stabilität zu erreichen. Dank der einfachen Kernelarchitektur war es möglich, ein leistungsfähiges UNIX-System – wie es bis dahin nur auf Supercomputern lief – für einen normalen Desktoprechner zu entwickeln. Genau das hatte NeXT getan. Ihr Betriebssystem, welches den Namen NeXTStep erhielt, basierte auf dem MACH-Kernel und wurde im September 1989 offiziell eingeführt, auf den zuvor ausgelieferten Computern lief noch eine Vorabversion des Systems. NeXTStep war ein extrem stabiles System, welches Speicherschutz und präemptives Multitasking beherrschte. Die Benutzeroberfläche basierte auf der Postscript-Bildbeschreibungssprache von Adobe, sodass NeXTStep über hervorragende grafische Fähigkeiten verfügte.

Doch das wirklich Revolutionäre an NeXTStep war der vollständig objektorientierte Systemaufbau. NeXT verwendete die Programmiersprache Objective-C, welche aber nicht inhouse entwickelt wurde. Objective-C ermöglichte ein wesentlich eleganteres Programmieren als beispielsweise C++, außerdem war die Sprache sehr einfach zu erlernen. Ein zentrales Entwicklerwerkzeug unter NeXTStep war der Interface Builder. Damit ließen sich in kürzester Zeit Programme mit grafischer Oberfläche erstellen. Steve Jobs erkannte die Schlüsselrollen von Objective-C und dem Interface Builder. Er hatte alle Hebel in Bewegung gesetzt, um ein vollständig objektorientiertes Betriebssystem zu bekommen und das hatte sich gelohnt.

Zweifellos war NeXTStep den Konkurrenzprodukten um mindestens eine halbe Dekade voraus. Das erklärt das immense Interesse von IBM an NeXTStep. Der Geschäftsführer von IBM wollte NeXTStep lizenzieren und anstelle von Windows auf sämtliche IBM PCs aufspielen. Steve wehrte sich vehement gegen diesen Vorschlag, doch die Manager von NeXT drangen ihn dazu, Verhandlungsgespräche aufzunehmen. Der Deal kam schlussendlich

zustande, IBM überwies 60 Millionen Dollar auf Jobs' Scheckbuch und erhielt dafür eine Lizenz für die erste Version von NeXTStep. Der Preis war ohne Zweifel viel zu hoch, denn erstens musste IBM für alle Nachfolgeversionen neue Verhandlungen aufnehmen und zweitens behielt sich NeXT das Recht vor, auch an andere PC-Hersteller Lizenzen zu vergeben. Und tatsächlich klopften kurze Zeit später Compaq und Dell mit der Bitte nach einer Lizenz bei NeXT an.

„Man hatte den Eindruck, das sei eine Firma, die es wirklich geschafft hat, obwohl sie in Wirklichkeit nicht einen Computer verkauft hatte."

– David Wertheimer, NeXT-Manager

NeXT stand kurz davor, das nächste Microsoft zu werden. Allein die erste NeXTStep-Version konnte Hunderte Millionen in die Kasse spülen, wenn Jobs bereit gewesen wäre, weitere Lizenzen zu verkaufen. Doch Steve Jobs war dazu nicht bereit. Sowohl Compaq als auch Dell forderten nämlich, dass NeXT die eigene Hardwareproduktion im Falle einer Lizenzvergabe einstellen müsse. Doch Steve war das Hardwaregeschäft trotz der wirtschaftlichen Probleme wichtiger als die Software. Sein Perfektionismus und seine Vorstellung von Design ließen sich nur in der Hardware zum Ausdruck bringen, mit dem Gedanken, seine vollautomatische Fabrik zu schließen, konnte sich Jobs nicht anfreunden. Deshalb entschied er sich gegen den Deal mit Dell und Compaq und beschloss stattdessen, einen neuen Computer zu entwickeln, mit dem man die langersehnten Erfolge würde feiern können. Damit hatte Steve Jobs die einmalige Chance vergeben, NeXT einen Platz als großen Mitspieler im Kreis der Computerunternehmen zu verschaffen. Kurz nach dieser Entscheidung erkannte auch IBM, dass NeXTStep auf ihren PCs keine Zukunft haben würde, und sie gaben die Zusammenarbeit auf – noch bevor auch nur ein einziger IBM-PC mit NeXTStep ausgeliefert wurde.

Am 18. September 1990 führte NeXT vier neue Computer ein. Die NeXTstation war mit einem Preis von 4995 Dollar deutlich günstiger als der Vorgänger. Ausgestattet war der Rechner im schwarzen Pizzaschachtelgehäuse mit dem brandneuen 68040er-Prozessor von Motorola und einer 105 Megabyte großen Festplatte. Im Preis inbegriffen war ein monochromer Monitor. Für 3000 Dollar Aufpreis gab es die NeXTstation Color, die besser ausgestattet war und mit einem Farbbildschirm ausgeliefert wurde. Gleich viel kostete der NeXTcube, welcher vor al-

lem mit zahlreichen Erweiterungsslots glänzte. Das Nonplusultra war der NeXTcube mit eingebauter NeXT-dimension-Grafikkarte, welche 16.7 Millionen Farben auf das Display zauberte. Der Haken an der Geschichte war, dass der Hersteller des Videochips für die Dimension-Grafik seine Produktion einstellte und NeXT den Computer gar nicht ausliefern konnte. Zwar hatte NeXT viele Fehler seines ersten Rechners behoben, doch auch die neuen Modelle ließen sich kaum verkaufen. Das änderte sich auch nach der Einführung von höher getakteten Turbo-Modellen im Januar 1992 nicht.

Das Jahr 1990 stellte für NeXT einen Wendepunkt dar. NeXT erwirtschaftete einen Umsatz von lediglich 28 Millionen Dollar. Auch die neuen Modelle brachten nicht den erhofften Durchbruch. Allmählich stand Steve am Rande der Verzweiflung. In den vergangenen fünf Jahren hatte er 72 Millionen Dollar in seine Firmen NeXT und Pixar investiert. Die jährlichen Betriebskosten von NeXT beliefen sich unterdessen auf 60 Millionen, Steve besaß aber nur noch 25 Millionen. Auch sein Privatleben bereitete ihm Sorgen. Nach einem abgelehnten Heiratsantrag zog seine schwangere Freundin aus seiner Wohnung aus. Auf einmal schien Jobs der Boden unter den Füssen wegzugleiten. Im April verließ eine Mitbegründerin von NeXT, Susan Barnes, das Unternehmen. Im Mai schloss der Vertriebspartner Businessland seine Verkaufsstellen. Im Juni legte Ross Perot seinen Posten als Vorstand nieder und bezeichnete seine Investition in NeXT als den größten Fehler seines Lebens. Doch das Schlimmste war, dass ihm die Medien allmählich in den Rücken fielen und die wirtschaftlichen Schwierigkeiten von NeXT schonungslos aufdeckten. Jahrelang hatte ihn die Presse verehrt und angebetet, nun schlug alles in Hass und Verachtung um.

„In meinen 20 Jahren in dieser Branche habe ich noch keine Revolution erlebt, die so weitreichend wie das objektorientierte Programmieren war. Damit kann man Software buchstäblich fünf- bis zehnmal schneller entwickeln, und diese Software ist viel zuverlässiger, viel leichter zu warten und viel leistungsfähiger."

– Steve Jobs

1991 verkaufte NeXT immerhin 20.000 Computer und vervierfachte den Umsatz im Vergleich zum Vorjahr. Canon versuchte NeXT mit einer Finanzspritze von 30 Millionen zu retten und schoss wenige Wochen darauf nochmals 55 Millionen hintendrein, verlangte aber, dass Jobs einen Manager anheuern und mit diesem die Firma gemeinsam leiten müsse. Steve Jobs hatte keine Wahl und stellte den Briten Peter van Cuylenburg ein. Diese Zeit war für Steve unglaublich hart. Die Manager verließen NeXT in Scharen, und auch Steve spielte mit dem Gedanken, seinen Posten aufzugeben und NeXT an Canon zu verkaufen. Kurze Zeit darauf erhielt er einen Telefonanruf von Scott McNealy, dem CEO des Erzrivalen Sun Microsystems. Dieser erzählte ihm, dass Jobs' neuer Partner, van Cuylenburg, ihm angerufen habe mit der Absicht, Steve zu verraten. Peter van Cuylenburg hatte McNealy vorgeschlagen, NeXT aufzukaufen und ihn, van Cuylenburg, als alleinigen Unternehmenschef einzusetzen, während Jobs gefeuert werden sollte. Doch McNealy ging auf das Angebot nicht ein und berichtete Jobs über den Vorfall. Steve Jobs war völlig verunsichert, auf einmal schien er die Kontrolle über NeXT zu verlieren. Es war genauso wie mit John Sculley bei Apple sechs Jahre zuvor. Doch noch hielt Steve einige der entscheidenden Fäden in seiner Hand, und er versuchte, NeXT mit einer schmerzhaften Aktion doch noch zu retten.

NeXT schloss im Februar 1993 seine Fabrik und sämtliche Hardwareabteilungen. 280 Mitarbeiter wurden vor die Türe gesetzt. Steve hatte eingesehen, dass NeXT nie zu einem zweiten Apple werden würde. Deshalb beschloss er, sich auf die Stärken von NeXT zu besinnen, NeXT würde sich in Zukunft ausschließlich mit der Entwicklung und dem Verkauf von NeXTStep beschäftigen. Schon im vergangenen September war NeXTStep für Computer mit Intel-Prozessoren veröffentlicht worden.

Nachdem die Medien das Interesse an NeXT verloren hatten, verschwand das Unternehmen über längere Zeit aus dem Blickfeld der Öffentlichkeit. Doch der Schritt, sich auf die Software zu konzentrieren, zahlte sich aus. 1994 erwirtschaftete NeXT zum ersten Mal einen Gewinn. NeXTStep etablierte sich als plattformunabhängiges Betriebssystem. Sun investierte zehn Millionen in die Technologie von NeXT. Gemeinsam stellten die beiden Unternehmen im Sommer 1994 ihre Pläne für OpenStep, eine offene Bibliothek zahlreicher Programmierschnittstellen auf der Basis von NeXTStep, vor. 1995 begann NeXT mit der Entwicklung von WebObjects, einem Entwicklungswerkzeug für Internet-Anwendungen. Sowohl OpenStep als auch WebObjects galten als technologisch solide Lösungen, deren Verbreitung aber gering war.

Apple kauft NeXT

Während sich NeXT allmählich erholte, steuerte Apple geradewegs auf den Bankrott zu. Unterdessen war mehr als ein Jahrzehnt seit Jobs' Rausschmiss verstrichen. Allerdings hatte Apple in dieser Zeit keine nennenswerten Fortschritte erzielt. Das marode Mac-System war technisch veraltet. Damals sprachen NeXT und Apple bereits über die Möglichkeit eines OpenStep-Aufsatzes für das Mac OS. Doch Steve Jobs erkannte seine Chance und bot NeXT zum Verkauf an. Gil Amelio, Apples damaliger CEO, liebäugelte ursprünglich mit einem Kauf der Firma Be, doch die Manager von Be entpuppten sich als zähe Verhandlungspartner. Da kam das Angebot von NeXT gerade recht.

Am 20. Dezember 1996 war das Geschäft perfekt. Apple kaufte NeXT zum Preis von 430 Millionen Dollar. Alle NeXT-Produkte und Dienstleistungen wurden in das Apple-Portfolio integriert, und auch Steve Jobs kehrte zu Apple zurück. Auf der Grundlage von NeXTStep entwickelte Apple das Macintosh-System der Zukunft, Mac OS X. Steve Jobs übernahm im Sommer 1997 die operative Leitung von Apple und führte das Unternehmen anschließend durch eine erfolgreiche Periode starken Wachstums.

In der zwölfjährigen Firmengeschichte verkaufte NeXT lediglich 50.000 Computer. Dennoch wird niemand die Geschichte von NeXT vergessen, die Geschichte einer Firma, welche mit dem Ziel der Zerstörung Apples ihren Anfang nahm und schlussendlich zur Rettung Apples und des Macintosh führte.

NeXT-CEO Steve Jobs während einer Klausurtagung für NeXT-Mitarbeiter im November 1987. Steve hatte eine sehr klare Vision für das Design des NeXT-Computers und forderte seine Ingenieure und Designer ständig heraus. Das Ziel, das damals als fast unmöglich galt, war, die Leistung eines Großrechners in einen 30,5 x 30,5 cm großen Würfel zu packen.

Schon sehnsüchtig erwartet: NeXT-Rechner waren die ersten Rechnersysteme, die nicht nur als Hardware mit Betriebssystem, sondern auch mit einem umfangreichen Softwarepaket ausgeliefert wurden, was den höheren Preis zum Teil erklärte.

Warum der Apfel angebissen ist …

Ob iPhone, iPod, Apple Watch, iMac, Macbook, Maus oder Tastatur – er ist auf jedem Apple-Produkt zu sehen: der kleine stilisierte Apfel, mit einem nach rechts zeigenden Blatt und einem Biss auf der rechten Seite

Das heutige Apple-Logo geht auf den US-amerikanischen Grafikdesigner für Firmenlogos Rob Janoff zurück. 1977 war er für den Marketing-Experten Regis McKenna tätig und entwarf das Apple-Logo mit den ursprünglichen regenbogenfarbenen Streifen.

Auch knapp 45 Jahre später wird der Erfinder noch auf den „angebissenen Apfel" angesprochen. „Es ist immer eine kleine Enttäuschung, wenn ich erzähle, warum der Apfel so aussieht, wie er aussieht. Der Biss sollte klarmachen, dass es sich um einen Apfel handelt, nicht um eine Tomate. Und außerdem kann jeder etwas mit der Vorstellung anfangen, herzhaft in einen Apfel zu beißen." Zusätzlich zu der ironischen Konnotation (natürlicher Apfel und künstliche Computer) bot das Design ein subtiles Wortspiel: „beißen" heißt im Englischen „to bite", was wiederum klingt wie Byte, eine Maßeinheit der Computertechnik. Eine sehr abenteuerliche Theorie, die wohl aus dem Buch „Zeros and Ones" der Autorin Sadie Plant stammt, spekuliert, dass das Regenbogen-Logo als eine Hommage an Alan Turing zu verstehen ist. Alan Turing war ein britischer Mathematiker, Kryptoexperte und Wissenschaftler und wird oft als Vater der modernen Computerwissenschaft bezeichnet. Er starb 1954, als er sich mit einem Zyankali-Apfel das Leben nahm. Auch werden die sechs Regenbogenfarben als „Gay-Pride-Flag" und Symbol der Homosexuellen-Bewegung sowie später mit der Friedensbewegung als „Peace"- oder „Pace"-Flagge bis heute international genutzt, allerdings beide in einer anderen Farbreihenfolge als im Apple-Logo.

Eine Hommage an Isaac Newton

Eigentlich schwebte den Apple-Gründern anfangs ein gänzlich anderes Logo vor. Das erste Logo, 1976 von Co-Founder Ron Wayne (er gab seine Anteile für 800 US-Dollar nur 11 Tage nach der Gründung von Apple an Jobs und Wozniak zurück) gestaltet, stellte Isaac Newton dar, der lesend unter einem riesigen Baum sitzt, während ein Apfel herunterfällt. Um das Bild herum läuft ein Zitat aus „The Prelude", einem Gedicht von William Wordsworth: „Newton … A Mind Forever Voyaging Through Strange Seas of Thought … Alone". Diese Hommage an Newton, der sich durch den heruntergefallenen Apfel zu den Gravitationsgesetzen inspirieren ließ, wurde jedoch bald verworfen. Die nahezu biblische Zeichnung war sehr aufwendig gestaltet und deshalb schwierig auf Produkten, Broschüren u. Ä. zu platzieren. Auch empfand Steve Jobs den Entwurf veraltet und nicht zeitgemäß. Nach einem Jahr verschwand das Logo.

Wie es zu dem Namen „Apple" kam

Jobs war nicht nur Vegetarier, sondern für kurze Zeit auch Frutarier und beschnitt als Hobby-Gärtner auf einer Farm Apfelbäume. Als es um die Namensfindung für das frisch gegründete Unternehmen ging, warf er den Namen „Apple" als kreativen Denkanstoß in den Raum. Da jedoch weder Wozniak noch Wayne etwas Besseres einfiel, blieb es bei „Apple". Einfach und eingängig, in Verbindung mit „Computer" aber äußerst ungewöhnlich. Und sie standen im Telefonbuch auch vor dem damaligen Konkurrenten „Atari".

Für den mehrfarbigen Apfel mit Biss brauchte Grafiker Rob Janoff genau eine Woche.

Adieu, Regenbogenfarben

Aber auch von den Regenbogenfarben verabschiedete sich Apple im Laufe der Zeit. 20 Jahre zierten sie das Apple-Logo, 1997 erstrahlte es dann in einem wasserfarbenen Ton. Zwischen 1999 und 2003 wurde der Farbton ein wenig abgedunkelt; dann entstand das ikonische Chrom-Logo. Heute sieht man den weltbekannten „Apfel" auf den unterschiedlichen Produkten in Silber, Weiß, Gold, Schwarz oder Rosa leuchten.

Das erste Apple-Logo war eine Art Kupferstich, der den englischen Forscher Isaac Newton (1643–1727) unter einem Apfelbaum sitzend zeigt.

Nach seiner Rückkehr gelingt ihm in kürzester Zeit ein Coup in der Vorstandsetage: Er wird wieder CEO und arbeitet daran, das Unter nehmen mit neuen Produkten und einer Investition von Apples Hauptkonkurrenten Microsoft zurück auf Kurs zu bringen.

Das Comeback 1997–2011

Apple-Mitbegründer Jobs revolutioniert nach seiner Rückkehr mit einer beeindruckenden Erfolgsserie neuer Produkte und Dienstleistungen die zuvor angeschlagene Firma. Dazu zählen die Macintosh-PC-Modelle, iPod-Musikplayer, der Online-Musik-Store iTunes – und natürlich das iPhone sowie das iPad

Text: Christoph Dernbach

1998 – Geburt des ersten iMac

Apple steckt 1996, ein Jahr nach der Vorstellung von Windows 95, tief in der Krise. Unter Konzernchef John Sculley haben wichtige Leute wie Softwareentwickler Andy Hertzfeld das Unternehmen verlassen. Ein Grund, warum auch beim Mac die Innovationen ausbleiben.

Das traditionelle Macintosh-Betriebssystem ist in die Jahre gekommen und konzeptionell sehr anfällig für Instabilitäten. In der Konzernzentrale in Cupertino werden diese Schwierigkeiten zwar zur Kenntnis genommen. Doch der Versuch, System 7 durch ein von Grund auf neu geschriebenes Betriebssystem mit dem Codenamen „Copland" zu ersetzen, scheitert grandios.

Sculley hat zu diesem Zeitpunkt das Unternehmen längst verlassen, und auch sein Nachfolger, Michael Spindler („The Diesel"), ein Deutscher, kann das Ruder nicht herumreißen. Im Februar 1996 muss Spindler den Chef-Posten für Gil Amelio räumen, dem der Ruf eines klassischen Sanierungs-Managers vorauseilt.

Amelio erwägt, BeOS des ehemaligen Apple-Spitzenmanagers Jean-Louis Gassée als neues Mac-System einzukaufen. Doch letztlich setzt sich Steve Jobs mit seiner Firma NeXT durch. Der ist nach seinem Rauswurf nicht nur mit dem Trickfilmstudio Pixar zu einem Hollywood-Tycoon aufgestiegen, sondern mit seinem Unternehmen NeXT angetreten, die Computer der nächsten Generation zu bauen. Und die laufen mit dem modernen NeXTStep-Betriebssystem, das auf Unix beruht.

Im Februar 1997 übernimmt Apple für 429 Millionen Dollar NeXT, Inc. hauptsächlich wegen NeXTStep inklusive aller Entwickler – und holt Jobs als Berater in das Unternehmen zurück. Sieben Monate später, am 16. September 1997, sitzt Steve Jobs endlich wieder im Chefsessel des von ihm einst mitbegründeten Unternehmens, nachdem Amelio vom Apple-Board gefeuert worden war.

Doch bevor Steve Jobs sich an die Erneuerung des Apple Macintosh machen kann, muss er eine strategische Bedrohung beseitigen. Wegen der sinkenden Marktanteile des Mac kehren immer mehr Softwarehäuser dem Macintosh-Betriebssystem den Rücken. Um ein Signal zu setzen, vereinbart er ausgerechnet mit Microsoft einen Waffenstillstand.

Apple hat bereits 1988 unter dem damaligen Apple-CEO John Sculley eine Klage gegen Microsoft angestrengt und dem Softwarekonzern einen Verstoß gegen das Urheberrecht vorgeworfen. Jobs will diese Streitereien mit Microsoft beenden, um das Überleben der Firma und des Mac zu sichern. Viele eingeschworene Apple-Fans denken noch heute mit Schrecken an den Augenblick zurück, als Jobs den einstigen Erzrivalen auf der Macworld Expo 1997 in Boston ganz pragmatisch als Retter in der Not ankündigt und Microsoft-Mitbegründer Bill Gates auf einer übergroßen Videowand wie „Big Brother" erscheint.

Microsoft investiert 150 Millionen Dollar in 150.000 Apple-Aktien und zahlt Gerüchten zufolge weitere 100 Millionen Dollar für Urheberrechtsverletzungen der vergangenen Jahre, obwohl die Gerichte die Vorwürfe nie anerkannt haben. Gleichzeitig verpflichtet sich Gates, den Internet Explorer und Microsoft Office für den Mac für die kommenden fünf Jahre weiterzuentwickeln.

Man darf es als Glücksfall werten, dass Jobs in dieser Zeit auch auf den völlig frustrierten britischen Apple-Designchef Jony Ive aufmerksam wird. Der erste große gemeinsame Wurf von Jobs und Ive ist der iMac, dessen öffentliche Präsentation am 6. Mai 1998 so sorgfältig wie die Vorstellung des ersten Apple Macintosh, 14 Jahre zuvor, geplant wird. Der Brite hat mit dem halb durchscheinenden Gehäuse aus Polycarbonat ein weithin sichtbares Zeichen gesetzt. Und auch technisch setzt Apple neue Akzente.

So sucht man im iMac ein Diskettenlaufwerk ebenso vergeblich wie die damals üblichen seriellen Anschlüsse für Drucker oder Modems. Stattdessen hat sich Apple für die noch sehr wenig verbreitete USB-Schnittstelle entschieden und dem iMac ein CD-ROM-Laufwerk spendiert. Weiterhin gibt es Ethernet sowie eine Modem-Buchse, die lediglich mit dem Telefonkabel verbunden werden muss.

Der erste iMac kommt im August 1998 zum Preis von 1299 Dollar auf den Markt und erweist sich trotz des technisch betagten Systems 8.1 als Verkaufsknüller. Allein in den ersten sechs Wochen werden 278.000 Geräte verkauft. Ende 1998 sind es 800.000 – so schnell hat sich noch nie ein Macintosh verkauft. Und Apple kann mit dem iMac nicht nur alte Fans begeistern. Jeder dritte Käufer ist ein Einsteiger, der noch nie zuvor einen PC besessen hat. 12 Prozent der Kunden steigen aus dem Windows-Lager um.

Stolz ist Steve Jobs auch auf die kreisrunde Maus, obwohl sie ergonomisch eher eine Katastrophe ist. An der Form kann man nicht ertasten, wo vorne und hinten, rechts oder links ist. Nur das Kabel und der Maustaster bieten bei der „Hockey Puck"-Maus Orientierung. An den iMac kann über die USB-Buchse aber auch eine alternative Maus angeschlossen werden.

Mit dem iMac und dem iBook (ab 1999) verblüffen Jobs und Ive auch gestandene Pioniere der Computerbranche. Nur Bill Gates, damals noch Microsoft-Chef, tut die neuen Macs als flüchtige Modeerscheinung ab. „Es gibt nun eine Sache, die Apple nun erreicht hat: die Führungsposition bei den Farben", spottete Gates. Die Absatzzahlen geben der neuen Apple-Führung aber recht.

Andy Grove, der damalige Chef des Chip-Giganten Intel, erkennt hingegen sofort die Bedeutung des iMac, obwohl die Rechner mit den Chips des Konkurrenten Motorola ausgestattet sind: „Manchmal hat das, was Apple tut, eine elektrisierende Wirkung auf den Rest von uns. Es ist nichts, was wir nicht auch hätten tun können, aber Apple hat es einfach getan." Nur eine Designentscheidung hätte er anders gefällt. Wie Millionen eingefleischter Mac-Fans wundert er sich über das Fehlen eines Diskettenlaufwerks. „Ich hätte diese Entscheidung nicht getroffen", sagt er.

Der erste iMac überhaupt: im knuddeligen Design, mit Tragegriff an der Oberseite, ähnlich wie beim Ur-Mac. Der PowerPC G3 ist mit 233 MHz getaktet.

2001 – mit dem iPod ändert sich die Zukunft

„Der iPod ist keine neue Kategorie. Musik ist nicht neu. Es handelt sich nicht um einen spekulativen Markt. Es ist ein sehr, sehr großer Markt. Es gibt ihn seit Tausenden von Jahren, und es wird ihn so lange geben, wie es Menschen gibt“, so der CEO bei der Vorstellung.

Die Premiere des ersten iPod 2001 findet unter schwierigen Rahmenbedingungen statt. Knapp sechs Wochen zuvor, am 11. September 2001, bringen islamistische Terroristen die Twin-Towers des World Trade Centers in New York mit entführten Flugzeugen zum Einsturz, attackieren das Pentagon in Washington und lassen einen weiteren Passagierjet im US-Bundesstaat Pennsylvania abstürzen. Zur Präsentation des iPod können keine Gäste einfliegen, die Nation steht unter Schock und hat keinen Sinn für ein neues Elektronik-Gadget. Doch Apple-Chef Steve Jobs will die Premiere nicht absagen, denn der iPod ist ein wichtiger Bestandteil seiner Multimedia-Strategie.

Möglich wird der iPod nur durch eine Erfindung in Japan. Es ist bezeichnend, dass die Ingenieure von Toshiba mit ihrem neuen Produkt, einer kompakten 1,8-Zoll-Platte mit vergleichsweise großer Speicherkapazität, nichts Rechtes anzufangen wissen. Apple-Manager Jon Rubinstein lässt sich in dem Meeting seine Freude nicht anmerken. Er hat schließlich zuvor schon mehrere Zulieferer in Asien vergeblich nach einem geeigneten Massenspeicher („1000 Songs in deiner Hosentasche“) abgeklappert. Steve Jobs ist in dieser Woche zufällig auch in Tokio auf der Macworld-Messe, und so kann schnell entschieden werden.

Jobs und Rubinstein treffen sich laut Jobs-Biograf Walter Isaacson noch am selben Abend im „Hotel Okura“, wo der Apple-CEO abgestiegen ist. „Jetzt weiß ich, wie wir es machen“, verkündet ihm Rubinstein. „Ich brauche nur einen Scheck über zehn Millionen.“ Jobs zuckt nicht mit der Wimper und stellt diesen auf der Stelle aus. Damit beginnt Rubinstein die Verhandlungen mit Toshiba um die Exklusivrechte für alle Festplatten, die das Unternehmen herstellen kann.

Die Fachöffentlichkeit ist sich nach der Präsentation des ersten iPod unsicher, ob das Gerät ein Knaller wie der erste iMac werden würde. „Ist der iPod nun ein ‚Breakthrough Digital Device‘ – wie Apple meint – oder nur ‚noch'n weiterer Walkman-Ersatz‘?“, fragt die Computerzeitschrift „c't“. Gestöhnt wurde vor allem über den „happigen Preis von 520 Euro“.

Das für heutige Verhältnisse winzige LC-Display mit 160 mal 128 Pixeln und Hintergrundbeleuchtung wird als vorbildlich gelobt. „Mittels Drehscheibe und wenigen Tasten lässt sich der iPod schnell und einfach steuern. Das Allerbeste freilich ist das Konzept zum Übertragen und Abgleichen von Musikbibliotheken mit der neuen Version 2.0 von Apples iTunes. Und das stellt für manchen iPod-Interessenten zugleich das größte Ärgernis dar, denn diese Software läuft nur auf einem Mac.“ Jobs sagt damals; „Wenn wir mal wieder Zeit haben, gibt es vielleicht auch eine Windows-Version.“ Ein Jahr später ist es so weit.

DIE GESCHICHTE DES IPOD

2001

- Der Player wird in weniger als einem Jahr entwickelt und am 23. Oktober als Mac-kompatibles Gerät mit einer 5-Gigabyte-Festplatte vorgestellt („1000 songs in your pocket").

2002

- Am 21. März erscheint ein zweites Modell mit einer 10-Gigabyte-Festplatte.
- Im Juli folgt die Ankündigung der zweiten Generation der iPods – mit einer 10 oder 20 Gigabyte großen Festplatte, einem berührungssensitiven Scrollrad und einer Fernbedienung im Kopfhörerkabel ausgerüstet. Insgesamt sind bereits 600.000 iPods verkauft.

2003

- April 2003 – die dritte Generation ist da. Mit neuem Design, berührungsempfindlichen Tasten, Dock Connector (statt FireWire-Buchse), USB-Anschluss; mit einer Verkleinerung der Akkuladung von 10 auf 8 Stunden Laufzeit und mit je einer 10, 15 oder 30 Gigabyte großen Festplatte.
- Im September 2003 geht der millionste iPod über den Ladentisch.

2004

- Im Januar stellt Apple den iPod mini vor, bei diesem Gerät sind Touch Wheel und Tasten erstmals unter einer Oberfläche, dem sogenannten Click Wheel, vereint. Es gibt ihn in Silber, Blau, Grün, Pink und Gold.
- Die Nachfrage nach dem iPod mini ist so groß, dass am 17. Februar bereits über 100.000 Vorbestellungen vorliegen.
- Im Juli ist die vierte Generation des iPod als 20- und 40-Gigabyte-Modell erhältlich. Wie der iPod mini besitzen sie jetzt ein Click Wheel, die Spieldauer reicht bis zu zwölf Stunden.
- Bestellungen für die limitierte U2-Special-Edition sind ab Oktober möglich. Das Gerät kommt mit schwarzer Front, einem roten Click Wheel und einer Gravur der Unterschriften der vier Bandmitglieder auf der Rückseite.

2005

- Im September ersetzt der iPod nano mit 2- und 4-Gigagyte-Flash-Speicher den iPod mini und wird zum bestverkauften Musikabspielgerät aller Zeiten.
- Apple präsentiert am 12. Oktober 2005 die fünfte Generation des iPod, der nun erstmals Videos abspielen kann. Er ist in 30 Gigabyte oder 60 Gigabyte und in zwei Farben erhältlich.

2006

- Im Februar zählt Apple die erste Milliarde über den iTunes Music Store verkaufter Songs.
- Im Mai startet: Nike+iPod. Das „Nike+iPod Sport Kit" erlaubt das Übertragen von Zeit, Strecke, Kalorienverbrauch und Geschwindigkeit über Nike+-Modelle auf den iPod nano.
- Ab September gibt es neue, kleinere Modelle von iPod nano und iPod shuffle.
- Im Oktober vermeldet Apple die Zahl von insgesamt 88 Millionen verkaufter iPods.

AB 2007

- Im Januar stellt Steve Jobs auf der Macworld das iPhone vor.
- Im September wird eine komplett erneuerte iPod-Linie gezeigt: Der iPod shuffle ist nun als (PRODUCT)RED™ erhältlich, der iPod nano spielt mittlerweile auch Filme ab. Aus dem iPod wird der iPod classic; und auf dem Apple-Music-Event wird der iPod touch präsentiert.
- Den Verkauf des letzten „klassischen" iPod hat Apple Ende 2014 eingestellt.
- Im Juli 2017 wird der Verkauf des iPod shuffle und iPod nano eingestellt. Damit ist der iPod touch der letzte noch von Apple produzierte iPod.

„Ich weiß, Sie haben 1000 tolle Ideen für Dinge, die iTunes tun könnte. Und wir haben 1000 weitere. Aber bei Innovation geht es nicht darum, zu allem ‚Ja' zu sagen. Es geht darum, ‚Nein' zu allen Funktionen zu sagen, außer zu den wichtigsten", wird Steve Jobs zitiert.

2003 – die iTunes-Plattform revolutioniert das Musikgeschäft

Im Umgang mit potenziellen Geschäftspartnern kann Steve Jobs sehr schroff sein. Aber meistens trifft er mit seinen scharfen Bemerkungen genau ins Schwarze. „Ihnen geht der Arsch auf Grundeis, was?", sagt Jobs im Januar 2002 den Vertretern der US-Musikindustrie mitten ins Gesicht, als sie ihn um Rat fragen. „Das ist richtig", erwidert Paul Vidich, damals Chef-Stratege von Warner Music. „Wir wissen nicht, was wir tun sollen. Deshalb brauchen wir ja Ihre Hilfe." Zur Überraschung der Runde erklärt sich Jobs bereit, die Bosse der Musikbranche zu unterstützen. Die Regeln gibt allerdings der Apple-Mitbegründer vor.

Die Musikindustrie ist damals verzweifelt. Die CD-Verkäufe befinden sich im Sinkflug. Tauschdienste wie Napster, Grokster, Gnutella und Kazaa, über die man kostenlos an Musik gelangt, ziehen Raubkopierer in Horden an. Abo-Dienste der Musikverlage im Netz finden dagegen kaum Nutzer. Sie sind umständlich zu bedienen. Daran sind vor allem komplizierte Kopierschutz-Auflagen schuld.

Der erste iTunes Music Store, den Jobs am 28. April 2003 im Moscone Center in San Francisco präsentiert, kommt dagegen ohne Kopierschutz aus. Jobs ist überzeugt, dass das beste Mittel gegen Raubkopien eine günstige legale Alternative sein muss. Er fordert, dass die Songs quer durch die Bank 99 Cent kosten sollen und auch einzeln heruntergeladen werden dürfen, während die Musikbosse auf unterschiedliche Preise für Top-Hits pochen und eigentlich immer nur komplette Alben verkaufen wollen. Als Apple schließlich dem Drängen der Musikindustrie nachgibt und flexiblere Preise zwischen 69 Cent und 1,29 Dollar bzw. Euro zulässt, konnte Jobs als Gegenleistung das Ende des Kopierschutzes aushandeln.

Bevor der iTunes Store online geht, trifft Jobs sich mit den ganz Großen im Musikgeschäft, unter anderem Bono, Mick Jagger und Sheryl Crow. „Er war unermüdlich und rief mich sogar abends um zehn an, um mir zu sagen, dass er mit Led Zeppelin oder Madonna immer noch nicht habe sprechen können", erinnert sich Roger Ames von Warner in der Jobs-Biografie. „Er verfügte über die nötige Entschlossenheit und war tatsächlich der Einzige, der sie alle überzeugen konnte." Das wahrscheinlich merkwürdigste Treffen ergibt sich, als Dr. Dre Steve Jobs in der Apple-Zentrale besucht. Jobs liebt die Beatles und Bob Dylan und kann nicht nachvollziehen, was am Hip-Hop so toll sein soll. Nur braucht er allerdings das Einverständnis von Eminem und anderen Rappern, dass ihre Musik im iTunes Store verkauft werden kann. Also setzt er sich mit Eminems Mentor Dr. Dre zusammen. Nachdem Jobs ihm die nahtlose Verbindung zwischen iTunes Store und iPod vorgeführt hat, erklärt Dr. Dre: „Mann, endlich hat es einer auf die Reihe gekriegt." Dr. Dre soll später in den Musikplänen von Apple noch eine wichtige Rolle übernehmen. Als klar wird, dass Apple eine weitreichende Vereinbarung mit der Musikindustrie auf die Reihe bekommen hat, meldet sich ein alter Rivale wütend zu Wort, Microsoft-Mitbegründer Bill Gates. In einer internen E-Mail mit dem Betreff „Jobs mal wieder", aus der Jobs-Biograf Walter Isaacson zitiert, schreibt Gates: „Steve Jobs' Fähigkeit, sich auf einige wenige relevante Sachen zu konzentrieren, Leute anzuheuern, die gute Benutzeroberflächen zustande bringen, und Produkte als revolutionär zu vermarkten, ist ganz erstaunlich." Gates zeigt sich auch überrascht, dass Jobs imstande gewesen ist, die Plattenfirmen für den iTunes Store zu gewinnen. Er findet es seltsam, dass sonst keiner einen Dienst zustande gebracht hat, mit dem man Musikstücke erwerben und nicht nur monatsweise abonnieren konnte. „Ich will damit nicht sagen, dass wir es vermasselt haben – oder wenn wir es vermasselt haben, dann auch nicht mehr als Real und Pressplay und MusicNet und alle anderen", schreibt er. „Nun, da Jobs es geschafft hat, müssen wir schnellstens etwas mit ebenso guter Oberfläche und ebenso guten Konditionen hinbekommen." Das Microsoft-Vorhaben, mit dem Musikplayer Zune und einem Musikdienst zu kontern, scheitert allerdings grandios. Bei der Überwindung des Misstrauens in der Musikbranche kommt Steve Jobs ausgerechnet der kleine Marktanteil von Apple zugute. Der erste iPod, den er unter dem Motto „1000 Songs in deiner Hosentasche" im September 2001 vorgestellt hat, kann nur von einem Mac aus mit Musik befüllt werden. Und Rechner mit dem Apfel-Logo machen damals gerade einmal fünf Prozent des PC-Geschäfts aus: „Wir erklärten, dass der Schaden ziemlich begrenzt wäre, wenn der Store floppt", erinnert sich Jobs in seiner Biografie. Er hat sich dann auch zunächst dagegen gewehrt, den iTunes Store auch Windows-Nutzern zugänglich zu machen. Am Ende ebnet der Schritt auf die Windows-Plattform den Weg zu Apples Dominanz im Musikmarkt.

Apple-Manager Eddy Cue, der für den iTunes Store verantwortlich ist, sagt bei der Premiere des iTunes Store 2003 voraus, dass Apple innerhalb der nächsten sechs Monate eine Million Musikstücke verkaufen wird. Er irrt sich gewaltig, es sind eine Million in sechs Tagen. „Das wird als Wendepunkt für die Musikbranche in die Geschichtsbücher eingehen", erklärt Jobs.

Die Vorherrschaft von Apple ist allerdings nicht von Dauer. Mit dem Boom der Streamingdienste gewinnt die Konkurrenz an Kraft, während Apple unter Steve Jobs krampfhaft am Download-Modell festhält. Mit dem Vormarsch von Smartphones und günstigen Datenleitungen werden aber auch einst verpönte Abo-Modelle attraktiv für Nutzer. Die Wende läutet erst Jobs-Nachfolger Tim Cook ein, als es fast schon zu spät ist, denn mittlerweile hat sich Spotify in Streamingmarkt einen fast uneinholbaren Vorsprung erarbeitet, und YouTube mutiert ebenfalls zu einem mächtige Musikstreamingdienst. 2014 kauft Apple für 3,2 Milliarden Dollar in der teuersten Firmenübernahme in seiner Konzerngeschichte den Kopfhörerexperten Beats Electronics und gelangt so auch an den Streamingdienst Beats Music. Damit werden auch die einflussreichen Produzenten Jimmy Iovine und Dr. Dre zu Apple-Mitarbeitern.

2015 wird im Streaming-Sektor die Marke Beats durch Apple Music ersetzt. Der iPhone-Hersteller befindet sich seitdem in der ungewohnten Rolle des Herausforderers. Marktführer ist Spotify mit 365 Millionen Usern und 165 Millionen zahlenden Abonnenten. Von Apple gibt es keine aktuellen Zahlen. Im Juni 2019 ist von 60 Millionen Abonnenten die Rede.

Das iPhone wird am 9. Januar 2007 vom Apple-Chef der Öffent lichkeit präsentiert; ab dem 9. November 2007 ist es auch in Europa erhältlich.

2007 – „Wir nennen es iPhone"

Die Präsentation des ersten iPhones am 7. Januar 2007 gilt als die spektakulärste Technik-Premiere der Neuzeit. Doch diese Premiere wäre beinahe ins Wasser gefallen. Die Apple-Ingenieure haben noch wenige Wochen vor dem Präsentationstermin massive Probleme damit, die von Steve Jobs gewünschten Funktionen in einem stabil laufenden Gerät zu vereinen. Der Prototyp ist ein Desaster. Er ist buggy und funktioniert einfach nicht. Telefonverbindungen brechen ständig ab. Der Akku stoppt den Ladevorgang, noch bevor er geladen ist. Daten und Anwendungen stürzen immer wieder ab und sind dann unbrauchbar. Die Liste der Probleme scheint endlos. Nach einem erneut missglückten Demo-Termin im Herbst 2006 attackiert Apple-Chef Steve Jobs allerdings seine Mitarbeiter nicht laut schreiend – so wie er es schon so oft zuvor getan hat. Diesmal bleibt er ganz ruhig. Die Stille macht die Runde noch nervöser als ein Wutanfall von Jobs. „Das war eine der wenigen Male bei Apple, dass mir ein kalter Schauer den Rücken herunterlief", erzählt ein Teilnehmer des Meetings dem US-Magazin „Wired".

Die Vorgeschichte des iPhone reicht bis zum Jahr 2002 zurück. Kurz nach der Präsentation des ersten iPod beschäftigt sich die Apple-Führungsspitze konkret mit der Frage, ob Apple nicht ein (Mobil-)Telefon entwickeln sollte. Jobs erkennt früh, dass der Boom der Blackberry-Smartphones in den großen Firmen der USA sich früher oder später auch auf die private Kundschaft ausweiten würde. Für ihn ist auch absehbar, dass die Mobiltelefone der Zukunft in der Regel einen MP3-Player eingebaut haben, sodass die Vorherrschaft des iPod als mobiler Musikplayer gefährdet scheint. Insbesondere der Absatzerfolg des Palm Treo 600, der die Funktionen eines Mobiltelefons, PDAs und Blackberrys vereinte, bestärkt Steve Jobs in seiner Absicht, selbst auf dem Markt der sogenannten Konvergenz-Geräte aktiv zu werden. Im Jahr 2004 steuert das iPod-Geschäft bereits zu 16 Prozent zum Umsatz von Apple bei. Doch neue Entwicklungen wie die wachsende Popularität von 3G-Handys und Wi-Fi-Telefonen sowie die sinkenden Speicherpreise gefährden zumindest potenziell die Führungsposition des iPod. Außerdem werden ständig neue Online-Musikplattformen gegründet, die dem iTunes Store von Apple Konkurrenz machen sollten.

Vor diesem Hintergrund ist rasches Handeln angesagt. Auf der Suche nach Kooperationspartnern fällt die Wahl von Steve Jobs auf Motorola. Jobs erwartet von Motorola einen würdigen Nachfolger des RAZR, wird dann aber bitter enttäuscht: Motorola legt kein neues Design-Glanzstück vor, sondern modifiziert lediglich das vorhandene Modell E398 geringfügig. Auf das iTunes-kompatible Handy passen gerade mal 100 Songs. Die Musikstücke können nur über einen PC auf das Mobiltelefon gelangen. Und außerdem ist das ROKR E1 in den Augen von Jobs auch noch äußerst hässlich geraten.

Ein Jahr später verfügt Apple dann über deutlich bessere Startvoraussetzungen für den Bau eines eigenen Smartphones: Im Rahmen der geheimen Arbeiten an einem Apple-Tablet-PC haben die Ingenieure in Cupertino ein erhebliches Wissen über Touchscreen-Technologie aufgebaut, die auch auf ein kleines Gerät übertragen werden konnte. Außerdem ist mit dem ARM11-Chip endlich ein Mikroprozessor auf dem Markt, der einem Mobiltelefon die nötige Power für aufwendige Smartphone- und iPod-Anwendungen spendieren konnte.

Zum Erfolgsrezept von Apple gehört seit ewigen Zeiten eine fast paranoid erscheinende Geheimniskrämerei, die mit jedem neuen Produkt verbunden ist. Und beim iPhone achtet Steve Jobs persönlich darauf, dass die üblichen Sicherheitsvorkehrungen noch einmal verschärft werden. Intern wird das iPhone-Projekt nur Purple 2 oder P2 genannt. Jobs verteilt die Entwickler-Teams über den gesamten Apple-Campus in Cupertino, damit sich niemand ein Bild über die Gesamtstärke des Projektteams machen kann. Wenn Apple-Mitarbeiter zu Cingular fahren, geben sie sich als Beschäftigte von Infineon aus, findet Wired-Reporter Fred Vogelstein heraus. Der deutsche Chip-Konzern liefert die Funkkomponente des iPhone. Jobs sorgt sogar dafür, dass innerhalb von Apple kaum jemand das Gesamtkonzept des iPhone zu Gesicht bekommt. Das Hardware-Team hat bis kurz vor der Präsentation des iPhone auf der Macworld Expo im Januar 2007 keine Ahnung, wie die Benutzeroberfläche aussehen wird. Ihre Dummy-Geräte werden mit einer Fake-Software geladen, die nichts mit dem späteren iPhone zu tun hat. Und die Software-Leute bekommen plumpe Holzboxen in die Hand gedrückt, auf denen ihre Programme laufen. Nach den Recherchen von Vogelstein dürfen vor der Macworld 2007 nur rund 30 Topleute in dem Projekt das komplette iPhone sehen.

Die Geheimniskrämerei hört aber auch nach der Markteinführung des iPhone nicht auf. Bis heute sind die Details der Erlösteilung zwischen AT&T und Apple geheim. Analysten wie Gene Munster von Piper Jaffray gehen jedoch nach einer Analyse der Bilanzen davon aus, dass Apple pro Monat von AT&T rund 18 US-Dollar pro iPhone-Kunde bekommt. Wenn diese Zahl realistisch ist, nimmt Apple im Laufe der Mindestvertragsdauer von 24 Monaten zusätzlich zum Hardware-Preis von 399 Dollar nochmals 432 Dollar Provision ein. Kein Wunder, dass damals Handyhersteller wie Nokia und Sony Ericsson ungläubig und neidisch nach Kalifornien blicken.

In einer ähnlichen Lage wie Cingular und AT&T im Jahr 2006 befindet sich später auch der Chef der Deutschen Telekom, René Obermann. Der Sex-Appeal des iPhone bietet für Obermann die einmalige Chance, von der grauen Realität bei T-Mobile abzulenken. Daher nimmt Obermann ebenfalls Konditionen in Kauf, die er sonst von keinem anderen Handy-Hersteller akzeptiert hätte. AT&T und T-Mobile wollen das iPhone in ihrem Sortiment. Unbedingt. Sie respektieren damit auch den immensen Aufwand, den Apple bei der Entwicklung des iPhone getrieben hat. So gibt Apple allein für den Kauf von Equipment für Antennen- und Netzwerktests etliche Millionen Dollar aus. Insgesamt soll die Entwicklung des iPhone rund 150 Millionen Dollar verschlungen haben.

2010 – das iPad dominiert den Tablet-Markt

Die Reaktionen auf die Vorstellung des iPad am 27. Januar 2010 fallen selbst für Apple-Verhältnisse überbordend aus. Das letzte Mal, als es dermaßen viel Aufregung um eine Tafel gab, standen darauf ein paar Gebote", schreibt das „Wall Street Journal". Und auch der britische „Economist" wählt einen religiösen Vergleich und zeigt Apple-Mitbegründer Steve Jobs weiß gekleidet und mit einen Heiligenschein auf dem Titelbild – mit einem „Jesus-Tablet" in der Hand. Apple nutzt damals noch die Messe Macworld Expo in San Francisco als Bühne, um wegweisende Produkte der staunenden Öffentlichkeit zu präsentieren.

Im Januar 2007 stellt Steve Jobs hier das erste iPhone vor, drei Jahre später steht die nächste wichtige Premiere an. Jobs fragt das Publikum, ob es zwischen Mac(Book) und iPhone noch Platz für eine dritte Kategorie gebe – um dann zunächst minutenlang über das Netbook herzuziehen, das damals von etlichen Beobachtern als das ideale Gerät zwischen Smartphone und Laptop angesehen wird. Jobs betont, eine neue Gerätekategorie müsse sich in sieben Bereichen bewähren: Web-Browsing, E-Mail, Fotos, Video, Musik, Spiele und E-Books. Das Netbook sei in keiner einzigen Kategorie besser als Smartphone oder Notebook, sondern nur ein billiger Laptop.

Seiner Auffassung nach könne nur das iPad diese Lücke ausfüllen. Der Saal tobt und spendet viel Beifall. Und als das iPad dann wenige Monate später in die Läden kommt, zeigt sich, dass das Premierenpublikum ein gutes Gespür gehabt hat. In nicht einmal einem Monat verkauft Apple eine Million iPads. Diese Schwelle wird in der Hälfte der Zeit erreicht, die das iPhone dafür benötigt. Im März 2011, elf Monate nach der Produkteinführung, sind bereits 15 Millionen Apple-Tablets verkauft. Das iPad legt damit den bis dahin erfolgreichsten Verkaufsstart eines Elektronik-Produkts für den Massenmarkt hin.

Die Pläne zur Entwicklung eines Tablet-Computers bei Apple reichen bis in die 80er-Jahre zurück: Der damalige Apple-Chef John Sculley, der 1985 Steve Jobs aus dem Unternehmen gedrängt hat, will 1987 sein Profil als „Visionär des 21. Jahrhunderts" schärfen und stellt in einem Buch das Konzept eines „Knowledge Navigator" vor. In einem aufwendig produzierten Video wird die Vision eines vernetzten Tablet-Computers visualisiert, der Persönliche Digitale Assistent (PDA), Kommunikationszentrale und vernetzte Wissensmaschine in einem ist. Der Versuch von Sculley, diese Zukunftsvorstellung mit dem Apple Newton in die Realität umzusetzen, scheitert spektakulär.

Steve Jobs legt nach seiner Rückkehr zu Apple 1999 die kühnen Tablet-Pläne der Apple-Ingenieure zunächst in die Schublade und fokussiert sich stattdessen auf die Wiederbelebung des Macintosh-Computers und den Einstieg ins Musikgeschäft mit dem iPod im Jahr 2001. Doch schon im März 2004 – drei Jahre vor dem Marktstart des iPhones – reicht Apple das Patent D504889 ein, in dem neben Jobs auch der damalige Designchef Jony Ive als Erfinder benannt wird. Die Anmeldung enthält Skizzen eines rechtwinkligen elektronischen Tablets mit abgerundeten Ecken – genau so sollte sechs Jahre später das iPad aussehen. Das iPad wird von Anwendern nicht nur wegen der langen Akku-Laufzeiten geschätzt, sondern auch, weil es als ideale Plattform für digitale Zeitungen und Magazine erscheint.

Die Medieninhalte, aber auch Spiele und Produktivitäts-Apps treiben auf jeden Fall den iPad-Absatzerfolg an. Während im Smartphone-Markt Apple mit dem iPhone nie Anteile über 20 Prozent erreichen kann, hängt das iPad seit 2010 die Konkurrenzprodukte von Wettbewerbern wie Samsung, Amazon, Lenovo und Microsoft ab. Eine Zeit lang sieht es so aus, als würde das iPad tatsächlich auch die herkömmlichen Personal Computer massiv zurückdrängen. Die Absatzzahlen steigen immer weiter an und erreichen 2013 mit rund 70 Millionen Stück ihren Höhepunkt.

Doch danach sinken die Verkäufe wieder, auch weil das iPad lange hält und im Vergleich zum Smartphone nicht so häufig durch ein neues Gerät ersetzt wird. Im Jahr 2018 werden nur noch 43,5 Millionen iPads verkauft. Seitdem veröffentlicht Apple keine Absatzzahlen mehr. Die Absätze sind aber nach Analystenschätzungen wieder gestiegen, auch weil viele Schulen das Apple-Tablet zu einem wichtigen Baustein ihrer Digitalisierungsstrategie erhoben haben.

In der Coronakrise hat sich dieser Trend verstärkt. Das iPad ist aber weit davon entfernt, die Absatzzahlen der PCs zu erreichen. Um die iPad-Verkäufe wieder anzukurbeln, versucht Jobs-Nachfolger Tim Cook, das iPad stärker als Produktivitätswerkzeug und Instrument für kreatives Arbeiten zu positionieren. Um dieses Ziel zu erreichen, setzt sich Cook auch über ein Mantra seines Vorgängers hinweg und stellt im September 2015 ein iPad Pro vor, das über einen Eingabestift („Apple Pencil") verfügt. Jobs hat sich stets dagegen gewehrt, Tablet-Computer oder Smartphone mit einem „Griffel" auszustatten. „Man muss den herauskramen – und dann verliert man das Ding", sagt Jobs bereits bei der Präsentation des ersten iPhone. In diesem Punkt sollte sich der ewige Jobs-Widersacher Bill Gates durchsetzen. Der damalige Microsoft-Chef, der jahrelang vergeblich versucht hat, den Tablet-Markt in Schwung zu bringen, sagt nach der Vorstellung des iPad, der Ansatz von Microsoft, einen Griffel für die Dateneingabe zu benutzen, werde am Ende doch bestehen. „Ich habe jahrelang einen Tablet-Computer mit einem Stift prophezeit", sagte er Jobs-Biograf Isaacson. „Ich werde entweder recht haben oder tot sein."

Bei der Präsentation des iPad ist der große Visionär schon stark von seiner Krebserkrankung gezeichnet.

Der Weg ist das Ziel

Seit der Gründung von Apple im Jahr 1976 hat Steve Jobs eine Achterbahnfahrt hinter sich, die sich letztlich für die Aktionäre des Unternehmens auszahlt. Hätte man Anfang 1983 100 Dollar in die Apple-Aktie investiert, so wären es 2011 10.211 Dollar. Der gleiche Betrag, der in den Aktienindex Standard & Poor's 500 investiert wurde, wäre nur 805 Dollar wert, wie die folgende Grafik zeigt

1976

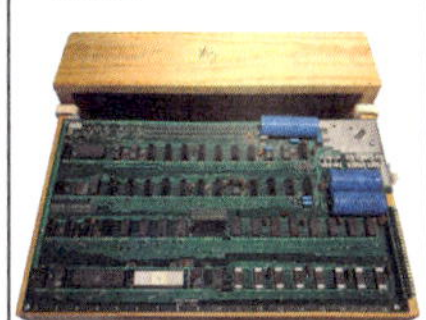

Gründung: Apple Computer. Der Apple I wird eingeführt.

1979

Jobs besucht mit seinem Team Xerox PARC, wo sie eine Demo der Maus und der grafischen Benutzeroberfläche sehen.

1980

Der größte Börsengang seit Ford Motor im Jahr 1956. Jobs' Anteil von 15 % ist mehr als 200 Millionen Dollar wert.

1983

Die Apple Lisa kommt auf den Markt, inspiriert von der Benutzeroberfläche von Xerox.

1984

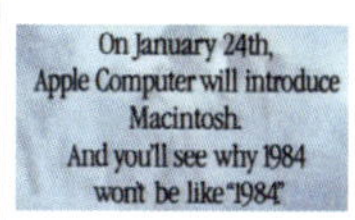

Der Macintosh wird eingeführt. Der Werbespot „1984", gezeigt während des Superbowls, schlägt hohe Wellen.

1985

Jobs wird von Apple verdrängt. Startet NeXT und zahlt Paul Rand 100.000 Dollar für den Entwurf des Logos.

1986

Jobs kauft Pixar von George Lucas, US-amerikanischer Produzent, Drehbuchautor und Regisseur, für 10 Millionen Dollar.

1988

Der NeXT-Computer „The Cube" wird zu einem Preis von 6.500 US-Dollar eingeführt.

1995

Pixar zeigt „Toy Story", den ersten computeranimierten Film; die Kritiker sind begeistert. Eine Woche später geht Pixar an die Börse; Jobs' 80%ige Beteiligung ist 585 Millionen Dollar wert.

1996

Apple kündigt die Übernahme von NeXT für 430 Millionen Dollar an und verzeichnet einen Verlust von 816 Millionen Dollar für das Jahr.

1997

Jobs wird Interims-CEO von Apple, wechselt den Vorstand aus und startet eine „Think different"-Kampagne.

1998

Apple kehrt in die Gewinnzone zurück, der iMac kommt auf den Markt und wird der am schnellsten verkaufte Macintosh aller Zeiten.

2000

Jobs wird ständiger CEO von Apple. Der Vorstand schenkt Jobs einen Gulfstream-V-Jet und 40 Millionen Optionen.

2004

Jobs unterzieht sich einer Krebsoperation und gibt am nächsten Tag sowohl den Krebs als auch die „Heilung" bekannt.

2005

Der iPod Nano wird veröffentlicht. Ein Riesenerfolg.

Wert von $100 in Apple Inc. investiert vs. S&P 500 Index

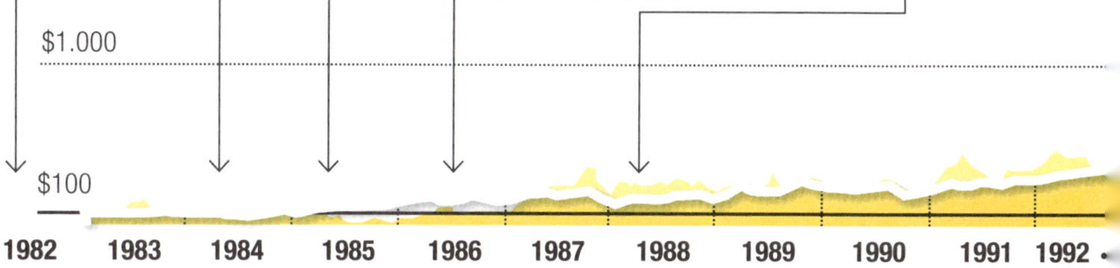

2006

Disney kauft Pixar, Jobs wird mit einem Anteil von 4,6 Milliarden Dollar zum größten Aktionär des Unternehmens.

2007

Jobs stellt das mit Spannung erwartete iPhone vor, was zur Sensation wird; er zeigt auch ein Apple-TV-Gerät für iTunes-Inhalte, was aber ein Flop ist.

2007

Zehnter Jahrestag von Jobs' Rückkehr zu Apple.

2008

Jobs stellt das dünnste Notebook der Welt vor, das MacBook Air.
Der merklich abgemagerte Jobs zeigt bei der Apple-Veranstaltung ein Dia mit der Aufschrift „Berichte über meinen Tod sind stark übertrieben".

2009

Jobs kündigt eine Pause an und ernennt Tim Cook zum Leiter des Tagesgeschäfts. In dieser Zeit unterzieht er sich einer Lebertransplantation in Memphis.

2009

Bei seinem ersten öffentlichen Auftritt seit der Transplantation ist Jobs Gastgeber einer Apple-Musikveranstaltung.

2010

Launch des iPad.

2011

Launch der iCloud.

Endgültiger Rücktritt von Jobs am 24. August.

2001

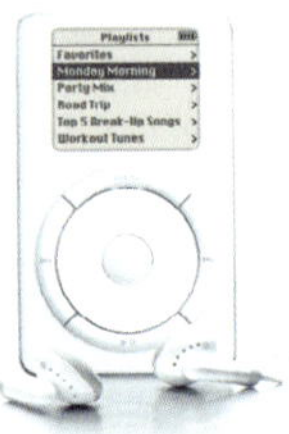

Ein großes Jahr für Einführungen: die ersten Apple Stores, der iPod, iTunes und das Betriebssystem OS X.

2003

Der ehemalige Vizepräsident Al Gore tritt in den Vorstand von Apple ein.
Der iTunes Music Store wird eröffnet und rockt die Musikindustrie mit 99-Cent-Preisen für einen Song.

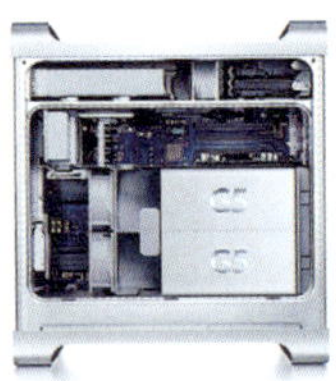

Der Power Mac G5 wird der schnellste Personal Computer der Welt.

Bei Jobs wird Bauchspeicheldrüsenkrebs diagnostiziert; der Vorstand beschließt, dies nicht bekannt zu geben.

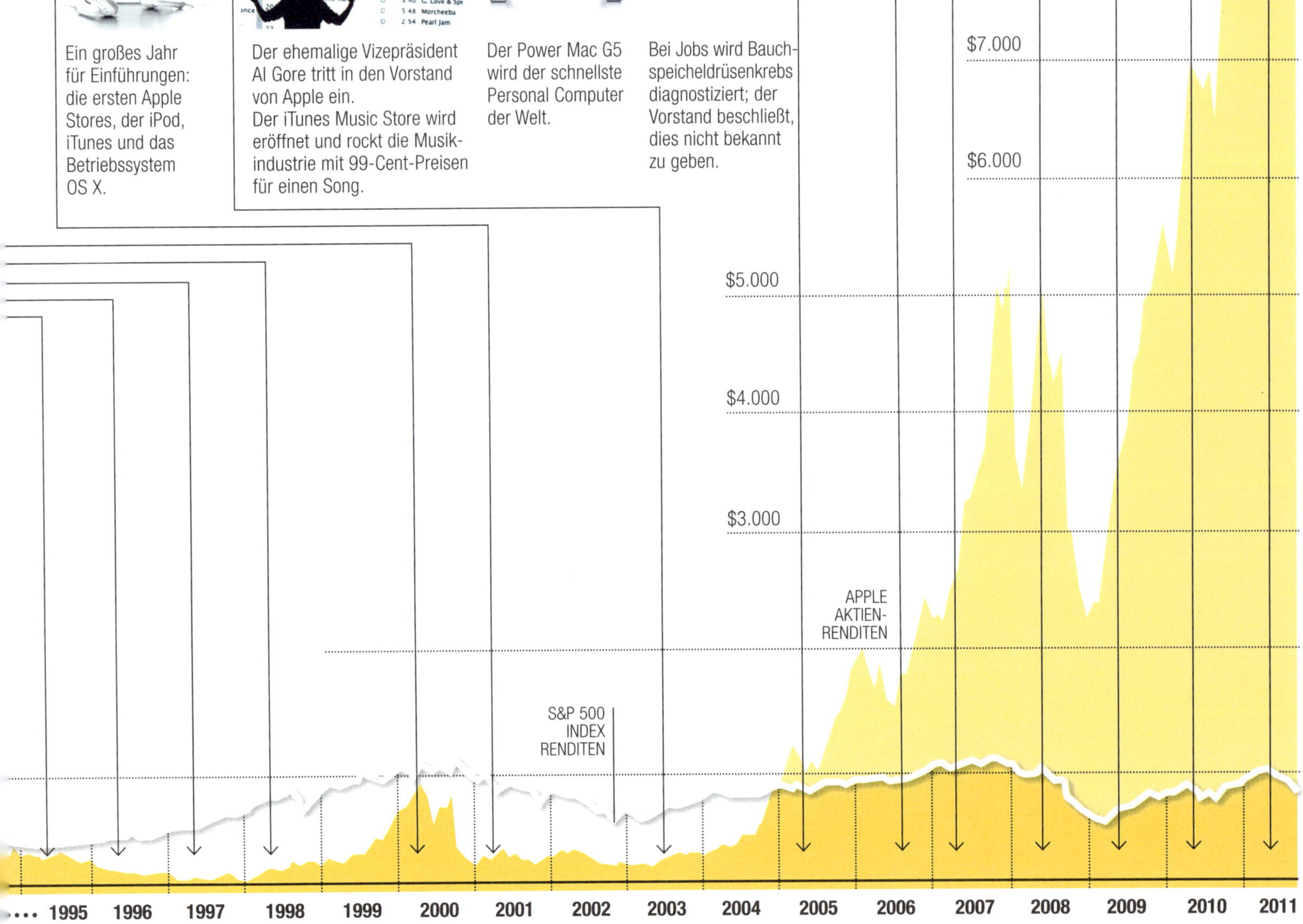

ANMERKUNG ZUR TABELLE: DIE WERTE SIND NICHT UM DEN WERT DER AUSSCHÜTTUNG BEREINIGT.

Als 1984 nicht „1984" wurde

Apple ist bekannt für seine kreativen Werbekampagnen – schon der allererste Werbespot „1984" wird mehrfach ausgezeichnet und gilt als Meilenstein der Werbebranche

Superbowl, 22. Januar 1984, die Washington Redskins gegen die Los Angeles Raiders, drittes Viertel. Es folgt die Werbepause, und 96 Millionen Zuschauer des Finales der US-Football-Liga werden Zeuge der Geburt einer Legende. In 60 Sekunden wird die Welt auf die Ankunft des neuesten Apple-Computers vorbereitet...

„Ich will etwas, das wie ein Blitz einschlägt. Es soll die Leute umhauen", mit diesen Worten hatte Steve Jobs die Werbeagentur Chiat\Day beauftragt, einen Spot für die Markteinführung des Macintosh zu entwerfen, die genauso „revolutionär" wie das Produkt selbst sei. Regie führte Ridley Scott, der mit Filmen wie „Alien" und „Blade Runner" erfolgreich geworden ist.

Es beginnt mit beängstigenden Schwarz-Weiß-Bildern von im Gleichschritt durch lange Röhren wie Gefangene marschierenden, gesichtslosen Arbeitern, begleitet von unheimlicher Musik. Dann taucht eine junge Frau im weißen Tanktop, auf dem die Umrisse des Apple Macintosh zu sehen sind, in dieser spannungsgeladenen Situation wie eine Befreierin auf. Auf der Flucht vor der Orwell'schen Gedankenpolizei rennt sie auf einen riesigen Monitor zu, auf dem gerade eine Propagandarede läuft. Sie schleudert ihren Vorschlaghammer gegen den Großbildschirm und lässt so Big Brother in Rauch aufgehen. Eine Stimme verkündet: „Am 24. Januar wird Apple Computer den Macintosh vorstellen. Und Sie werden begreifen, warum 1984 nicht wie 1984 sein wird."

Ein Jahr später verlässt Steve Jobs Apple; im Dezember 1996 kehrt er zurück, präsentiert nur wenige Monate später wieder eine legendäre Kampagne und schafft damit die Wende für das zu dieser Zeit strauchelnde Unternehmen. Der Slogan: „Think different" orientiert sich an der Werbung des Konkurrenten IBM, der mit dem Slogan „Think" warb, und zeigt Schwarz-Weiß-Porträts von bekannten Persönlichkeiten. Jobs selbst bemüht sich mit großem Engagement um die Einwilligungen einiger Berühmtheiten wie Yoko Ono oder Joan Baez, mit der er früher sogar mal liiert war. Das Besondere an diesem erfolgreichen Konzept: Es ist eine reine Branding-Kampagne, das beworbene Produkt wird nicht zeigt.

Die aber wohl erfolgreichste Werbung von Apple ist die iPod-Kampagne. Schwarze Silhouetten tanzen vor farbigen Hintergründen, in der Hand halten sie einen strahlend weißen iPod, der zum leuchtenden Mittelpunkt wird. Der iPod kam zwar bereits 2001 auf den Markt, aber erst die Werbekampagne „iPod Silhouette" von Chiat\Day bringt dem iPod der 3. Generation ab Herbst 2003 den großen Durchbruch.

1979 – Apple-II-Werbung: ein Sprung in biblische Zeiten *Dass Apple mehr als nur ein Computer ist, will diese Anzeige den Endverbrauchern auf originelle Weise sagen. Im Text werden sie darüber hinaus aufgefordert, an einem Wettbewerb teilzunehmen, indem sie folgende Frage in höchstens tausend Worten beantworten: „Was, um Himmels willen, machen die Leute mit Apple-Computern?“ Der Gewinn: eine Reise ins Paradies, nach Hawaii.*

1984 – die erfolgreiche „Test drive a Macintosh"-Kampagne

Diese Werbestrategie – von Sculley erdacht – sah vor, dass Interessierte, die im Besitz einer Kreditkarte waren, bei ihrem örtlichen Händler einen Macintosh für einen Zeitraum von 24 Stunden „ausleihen" konnten. Die Idee war, dass die Kunden, wenn sie ihren Mac zurückgeben mussten, bereits eine Bindung zu ihm aufgebaut hatten und feststellten, dass sie ohne ihn nicht mehr leben konnten. Begleitet wurde die Kampagne von mehreren TV-Spots. Einer zeigte zum Beispiel die Umrisse eines hochwertigen Sportwagens, der von einer Staubschutzhaube verdeckt war. „Er ist leistungsstark", schwärmt der Sprecher mit schon fast fetischistischer Bewunderung, während die Kamera all die Kurven und glatten Kanten abfährt, die unter der Folie verborgen sind. „Er ist reaktionsschnell. Er fährt sich wunderbar. Und er wird alles andere in seiner Klasse in den Schatten stellen." An diesem Punkt wird die Abdeckung weggezaubert und – Überraschung – es geht gar nicht um einen schnittigen Ferrari oder Mercedes. Stattdessen ist eine Maus zu sehen, die mit dem Mac verbunden ist.

1997–2002 – „Think different“ macht den Unterschied

Als Antwort auf IBMs Werbeslogan „Think“ entwickelt die Werbeagentur TBWA Chiat\Day den Slogan „Think different“. Auch wenn man sich darüber streiten könnte, ob es grammatikalisch korrekt „Think differently“ heißen müsste, Steve Jobs besteht auf ein Adjektiv, da er es nach „Think big“ klingen lassen wollte. Zu den gezeigten Prominenten zählen neben John Lennon und Yoko Ono, Alfred Hitchcock, Pablo Picasso, Mahatma Gandhi, Thomas Edison, Joan Baez, Frank Sinatra und Jim Henson. Zudem gibt es einen Werbeclip namens „Here's to the Crazy Ones“. Von diesem existieren zwei Versionen. Eine hatte Steve Jobs persönlich eingesprochen (Text siehe Bild unten), war mit dem Ergebnis aber unzufrieden. Zum Einsatz kam stattdessen die von Richard Dreyfuss vertonte Variante. Erst im Jahr 2002 nimmt Apple Abschied von „Think different“, Nachfolger ist ab 2002 die Switch-Kampagne, in der vom erfolgreichen Umstieg auf einen Mac erzählt wurde. Zwischen 2006 und 2009 lässt Apple über 100 Episoden der „Get a Mac“-Reihe produzieren.

Think different.

„Here's to the crazy ones, the misfits, the rebels, the troublemakers, the round pegs in the square holes … the ones who see things differently — they're not fond of rules … You can quote them, disagree with them, glorify or vilify them, but the only thing you can't do is ignore them because they change things … they push the human race forward, and while some may see them as the crazy ones, we see genius, because the ones who are crazy enough to think that they can change the world, are the ones who do.“

— Steve Jobs, 1997

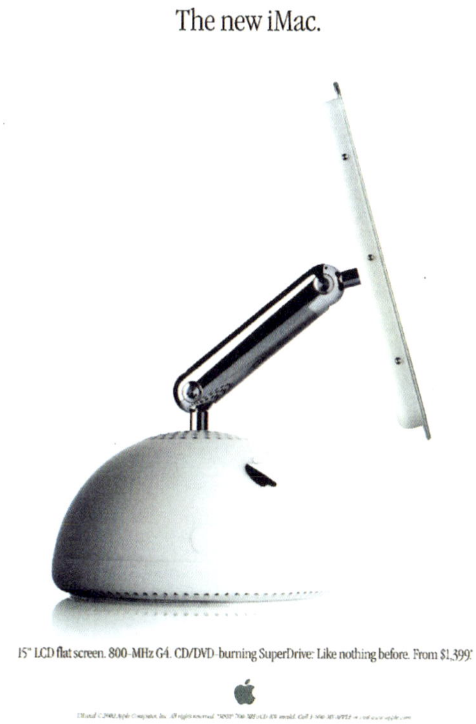

1999–2002 – PowerMac G4 (1999), iBook (1999), iPod (2001) und iMac (2002) setzen neue Maßstäbe

Apple schafft es immer wieder, den Umgang mit Technik radikal zu vereinfachen. Damit konnte das Unternehmen nicht nur einen USP besetzen, sondern diesen sogar erst erschaffen. Gleichzeitig etabliert Steve Jobs mit seiner Leidenschaft für minimalistische Produktgestaltung – gepaart mit hochwertigen Materialien – Apples Image als attraktive Designmarke. Und das mit großem Erfolg. So ging – Berichten zufolge – ein Seufzen durch den Saal, als Steve Jobs 2002 den neuen iMac enthüllte. Es war, als hätte er einen niedlichen Hund vorgestellt. Ein „possierliches Kerlchen“ mit einem bauchigen Sockel, in dem die Technik untergebracht ist und aus dem ein chromglänzender Schwingarm ragt, an dem der Flachbildschirm aufgehängt ist. Mit dieser Mischung aus Satellit und Comicmännchen, manche Fans sprachen auch von einer Designer-Tischlampe, hat Apple den Computer endgültig von seiner freudlosen Aura des Nutzwerts befreit. Und auch die Werbekampagnen setzen immer wieder neue Maßstäbe. Als der iPod 2001 auf den Markt kommt, gibt es neben der produktorientierten Print- auch die sogenannte „Silhouette“-Kampagne (siehe Seite 44), bei der es ausschließlich um die emotionale Ansprache ging.

2007 – „A phone, an iPod, and an Internet communications device" *Drei revolutionäre Produkte in einem – so kündigt der Apple-CEO am 9. Januar 2007 das erste iPhone an, und auch die Kampagne baut darauf auf. Der erste TV-Werbespot „Hello" für das iPhone sah hingegen ein bisschen anders aus, er feiert am 2007 während der Oscarverleihung Premiere und zeigt große (alte) Hollywoodstars, die ein eher altertümliches Telefon bedienen.*

2010 – iPad – schick, sleek und simpel zu bedienen *Die Reaktionen auf die Vorstellung des ersten iPad-Modells fielen selbst für Apple-Verhältnisse überbordend aus. „Das letzte Mal, als es dermaßen viel Aufregung um eine Tafel gab, standen darauf ein paar Gebote" schrieb z. B. das „Wall Street Journal".*

Die Kulisse für den neuesten Store von Foster + Partners: Das Marina Bay Sands Hotel in Singapur.

Die ikonische Architektur der Apple Retail Stores

Vor 20 Jahren öffneten die ersten Apple Stores ihre Türen. Jüngst in Singapur und Bangkok. Spektakulär sind sie alle!

Text: Linda Benkö

Der britisch-US-amerikanische Autor und Unternehmensberater Simon Sinek ist mit seinem Bestseller „Frag immer erst: warum" längst schon in die Annalen der Managementlehre eingegangen. Er ist vor allem auch bekannt für seine Affinität zum Technologiekonzern Apple. Denn ein gern von Sinek gebrachtes Beispiel für Markenbranding lautet: „Herkömmliche Unternehmen produzieren großartige Produkte, die großartig aussehen, mit irgendwelchen großartigen technischen Gimmicks. Inspirierte Unternehmen aber zeigen, woran sie glauben und warum sie tun, was sie tun." Von ihrer Vision motiviert, würden Unternehmen wie Apple die Gefühle der Menschen ansprechen, indem sie ihr „Warum" mitverkaufen – gleich ein ganzes Lebensgefühl also.

Die DNA des Apfels

Genauso verhält es sich mit den vom renommierten britischen Architekturbüro Foster + Partners entworfenen (mittlerweile mehr als zehn) Apple Retail Stores weltweit. Form und Design der Gebäude entsprechen der „Apple-Warum-Botschaft", der Apple-DNA. Die Architekten übernehmen daher für den Tech-Konzern gleich auch einen Teil des Marketings, das „Visual Storytelling".

Bei den Apple Stores von Foster + Partners handelt es sich durchwegs um aufsehenerregende Gebäude. Und so ist es nicht verwunderlich, dass die ersten Bilder des neuen „Spherical Apple Store" in Singapur quasi in Lichtgeschwindigkeit auf Instagram gepostet wurden. Die „Sphäre" scheint gleichsam auf dem Wasser – neben dem Hotel Marina Bay Sands mit dem weltberühmten Riesen-Infinity-Pool – zu schweben.

Die Kugel auf dem Wasser

„Apple Marina Bay Sands wird ein Ort sein, den wir für Sie geschaffen haben, um Ihre Ideen und Leidenschaften einzufangen, an dem Sie etwas Neues erforschen, verbinden und schaffen können", heißt es bei Apple selbst. Es ist der erste kugelförmige Apple-Laden – und der erste, der von Wasser umgeben ist. Wurde ja auch schon langsam Zeit, könnte man schmunzelnd angesichts der weltweit bereits mehr als 500 existierenden Apple Stores sagen. Betreten kann man den dritten Apple Store in Singapur über eine Fußgängerbrücke von der Uferpromenade aus. Eine Unterwasserpassage wird ihn zusätzlich mit dem Einkaufszentrum am Fuße des 2011 eröffneten Komplexes Marina Bay Sands verbinden.

Ruhe inmitten der Hektik

Der Store in Bangkok wurde in Zusammenarbeit mit Apple und dem lokalen Studio Architects 49 entworfen. „Apple Central World" steht wie ein Ruhepol in diametralem Gegensatz zur lebhaften Plaza des größten Einkaufszentrums Bangkoks. Um die „Apple Central World" herum kann man sich auf Bänken unter dem Schatten großer Seemandelbäume niederlassen. Da der Store in Bangkok von zahlreichen Auto- und Fußgängerwegen gesäumt ist, können Besucher ihn entweder vom Erdgeschoss oder von der ersten Etage aus betreten. Charakteristisch für den ersten Apple Store in Thailand sind zwei riesige Glasfassaden und ein großes, überhängendes, mit Holz verkleidetes Dach, das von nur vier Säulen getragen wird. So wirkt der Innenraum äußerst geräumig und luftig. Die geschoßhohen, gebogenen Glasfassaden gewähren Passanten dabei ungehinderten Einblick ins Innere.

Ein schlankes Dach aus Karbon-Faser, das einem MacBook ähnelt, charakterisiert den Apple-Laden am Hafen von Chicago. Die Glaswände sind von zwei Granittreppen flankiert, von wo aus man zur Uferpromenade gelangt.

Der neue Apple Store in der Fifth Avenue ist fast doppelt so groß wie der ursprüngliche, mit einer höheren Decke und mehr natürlichem Licht. Die perfekte Bühne, um die neuesten Apple-Produkte auszuprobieren.

Apple Store Bangkok – in seiner Mitte befindet sich die mit 1461 Lamellen aus europäischer Weißeiche verkleidete skulpturale Säule.

In China verfügt der neue Store über ein Forum, eine Viewing Gallery und einen Boardroom. Hier können einige der größten Künstler, Musiker und Kreativen Pekings ihre Arbeiten präsentieren und unterrichten.

Das Apple Tower Theatre bringt das historische Filmtheater von 1927 in die Innenstadt von Los Angeles zurück. Das Gebäude, in dem man sich treffen, etwas lernen und die neuesten Apple-Produkte entdecken kann, wurde aufwendig restauriert. Außerdem hat Apple die „Today at Apple Creative Studios“ ins Leben gerufen, eine globale Initiative, die jungen Kreativen praktische Erfahrungen und Mentoring bietet.

Einer der unkonventionellsten Apple Stores von Foster + Partners befindet sich in einem Wohnblock aus der Haussmann-Ära auf den Pariser Champs-Élysées. Das Design des Stores ist eine sorgfältige Mischung aus historischer und moderner Architektur, die die Vergangenheit des Gebäudes ehrt und gleichzeitig moderne Räume schafft. Der Laden führt um einen Innenhof herum und wird von einem kaleidoskopartigen Solardach gekrönt, das das Sonnenlicht um das Gebäude herum reflektiert. „Die Arbeit in einem historischen Pariser Gebäude ist eine große Verantwortung und eine phänomenale Chance", bestätigt auch Jony Ive, Chief Design Officer von Apple.

„Wir treffen Entscheidungen, die sich lohnen."

Lisa Jackson erklärt, wie Apple seine Lieferkette bis 2030 klimaneutral machen will – und was die deutsche Wirtschaft davon lernen kann

Text: Alexander Demling

Lisa Jackson war lange Jahre Politikerin, bevor sie ins Silicon Valley wechselte. In der ersten Amtszeit des Demokraten Barack Obama leitete sie die Umweltbehörde EPA, was sie zur Quasi-Umweltministerin der USA machte.

In ihrem heutigen Job als Vizepräsidentin für Umwelt, Politik und soziale Initiativen bei Apple ist die Chemieingenieurin für einen CO_2-Ausstoß des Konzerns verantwortlich, der den von Irland oder Neuseeland übersteigt. Oder besser gesagt: diesen CO_2-Ausstoß zu reduzieren. Schon seit April ist Apples operatives Geschäft klimaneutral, in zehn Jahren soll das für jedes Gerät von der Produktion bis zum Ende seiner Benutzung gelten.

Lisa Jackson (59) wurde in Philadelphia geboren und einige Wochen nach ihrer Geburt adoptiert. Sie ist verheiratet und hat zwei Kinder.

Frau Jackson, mitten in der Corona-Krise verspricht Apple, in zehn Jahren eine klimaneutrale Lieferkette zu haben. Warum jetzt?

Alle Herausforderungen, die wir gerade erleben, sind nur durch Zusammenarbeit und Innovation zu lösen – der Klimawandel genauso wie Covid-19 oder Rassismus. Covid-19 erinnert uns ja gerade daran, dass wir anders denken und schnell handeln müssen. Und dass wir anderen Wege aufzeigen müssen, wie sie diese Herausforderungen selbst angehen können. Deshalb ist das genau die richtige Zeit.

Wie bringt Apple einen Zulieferer dazu, sich auf Nullemissionen festzulegen?

So wie in der Vergangenheit auch schon. 2016 haben wir das Ziel ausgegeben, bis 2020 mehr als vier Gigawatt in erneuerbare Energie in unsere Lieferkette integrieren, und haben dieses Ziel sogar übererfüllt. Oft ist vor allem Know-how und öffentliche Unterstützung notwendig. Wir sprechen deshalb zusammen mit unseren Zulieferern die Regierungen vor Ort an, damit sie Zugang zu sauberer Energie erhalten.

Aber zum Zuckerbrot gehört auch die Peitsche.

Die Peitsche ist klar: Im Jahr 2030 sollen jeder Zulieferer komplett mit erneuerbarer Energie produzieren. Uns hat auch noch kein Zulieferer abgesagt.

Aber das sind oft Unternehmen ohne Endkundengeschäft, ohne eine Marke und Margen wie Apple – was haben die davon?

Zum einen sagen wir ihnen: Wir stehen an eurer Seite. Wir haben diese Reise auch durchgemacht und helfen euch, zum Beispiel mit einem Infoportal im Internet. Zum anderen ist erneuerbare Energie günstiger geworden, und Energieeffizienz lohnt sich ohnehin immer. Wir bleiben bei alldem ein Unternehmen, das Entscheidungen trifft, die sich lohnen. Ich verspreche Ihnen: Unser Finanzvorstand rennt nicht weg, wenn er mich sieht.

Deutschland hat zahlreiche Industrieunternehmen wie Apple. Was haben Sie in den letzten Jahren gelernt, wovon andere Unternehmen profitieren könnten?

Deutschland hat viel Erfahrung beim Thema Energieeffizienz und muss diese Erfahrung nun anwenden, um alles zu hinterfragen. Ich bin selbst Ingenieurin, und eine der ersten Lektionen, die man im Labor lernt, ist die Herstellung von Aluminium. Als ich 2013 bei Apple angefangen habe, fragte mich eine unserer Ingenieurinnen, warum wir Aluminium schon so lange im selben Verfahren herstellen. Also haben wir 2018 gemeinsam mit Alcoa und Rio Tinto ein Verfahren entwickelt, das Aluminiumerz zu Aluminium reduziert, ohne dabei Klimagase freizusetzen. Vergangenes Jahr haben wir ihnen die erste Charge abgekauft.

Schon mit 19 Jahren machte Jobs erste Erfahrungen mit dem Buddhismus und der damit verbundenen Zen-Meditation – er blieb sein Leben lang dabei.

Lassen Sie sich inspirieren …

… von einem Mann, der viel zu sagen hatte und uns auch heute noch mit seinen klugen Weisheiten über das Leben, das Fehlermachen, die Intuition und die Begrenztheit der Zeit zum Nachdenken bringt

„Ich denke, dass der Unterschied zwischen erfolgreich und erfolglos zu 50 Prozent in Ausdauer und Beharrlichkeit zu finden ist.“

„Wenn du ein Tischler bist, der eine besonders schöne Kommode baut, nimmst du kein Sperrholz für die Rückseite, obwohl diese zur Wand zeigt und niemand das sehen würde. Du wüsstest trotzdem, dass es da sein würde, und deshalb nimmst du für die Rückseite ein ebenso schönes Holz. Damit du nachts gut schlafen kannst, muss die Ästhetik und die Qualität eben durchgängig perfekt sein.“

„Meine Identität definiere ich nicht daraus, ein Unternehmer zu sein, obwohl es das ist, was ich tue. Ich verstehe mich eher als ein Mensch, der nützliche Dinge entwickelt. Ich mag es, nützliche Dinge zu entwickeln, und ich mag es, mit sehr klugen Leuten zusammenzuarbeiten. Ich mag es, in der Welt der Ideen zu agieren, wobei diese Ideen aber schon mit einer physischen Realität verbunden sein sollten. Am liebsten mag ich es, solche Ideen in eine Gruppe von sehr talentierten und klugen Leuten zu werfen und sie das dann selber ausarbeiten zu lassen.“

„Ich habe großen Respekt vor schrittweisen Verbesserungen, und das habe ich in meinem Leben auch häufig getan, aber ich habe mich letztendlich immer stärker zu den revolutionären Veränderungen hingezogen gefühlt. Ich weiß nicht, warum. Weil sie schwieriger sind. Sie sind emotional viel anstrengender. Und in der Regel macht man eine Phase durch, in der einem alle sagen, man habe völlig versagt.“

„Ich bin auf viele Dinge, die wir nicht gemacht haben, genauso stolz wie auf die Dinge, die wir gemacht haben. Innovation heißt auch, zu tausend Dingen Nein zu sagen.“

„Es ist ganz schwierig, Produkte für Zielgruppen zu entwickeln. Sehr oft wissen die Menschen gar nicht, was sie wollen – bis du es ihnen gezeigt hast.“

„Details sind wichtig – es ist es wert, zu warten, bis sie richtig sind.“

„Wenn du aufwächst, wird dir beigebracht, wie die Welt funktioniert und wie du in ihr leben solltest. Und das solltest du nicht zu sehr infrage stellen – gründe eine kleine Familie, hab ein bisschen Spaß und spare ein bisschen Geld. Das ist ein sehr limitiertes Leben. Das Leben kann viel aufregender sein, wenn du eine Sache erkannt hast: Alles um dich herum, das du Leben nennst, wurde von Menschen gemacht, die auch nicht smarter sind als du. Du kannst das aber ändern, du kannst das beeinflussen, und du kannst deine eigenen Dinge entwickeln, die dann auch für andere gut sein können. Wenn du das gelernt hast, wirst du nie mehr derselbe sein.“

„Mein Geschäftsmodell ist das gleiche wie bei den Beatles. Sie waren vier Jungs, die ihre Schwächen gegenseitig ausgeglichen haben. Sie haben sich damit ausbalanciert, und die Gruppe war im Ganzen weit besser als die Summe ihrer Bestandteile. So sehe ich auch das Unternehmertum. Großartige Dinge entstehen nicht durch eine einzige Person, sie können nur in einem Team gelingen.“

„Langeweile erlaubt es einem, sich der Neugier hinzugeben, und aus der Neugier entsteht alles.“

„Meine liebsten Dinge im Leben kosten kein Geld. Es ist doch klar, dass unsere wertvollste Ressource unsere Zeit ist.“

„Picasso sagte einmal: ‚Gute Künstler kopieren, großartige Künstler stehlen‘ – und wir waren immer schamlos dabei, großartige Ideen zu stehlen.“

„Kreativität ist nur eine Verbindung von Dingen. Wenn man kreative Menschen fragt, wie sie etwas gemacht haben, fühlen sie sich irgendwie schuldig, weil sie eigentlich nichts gemacht haben – sie haben nur etwas gesehen, das für sie offensichtlich wurde.“

„Es war immer eines meiner Mantras – Fokus und Einfachheit. Einfachheit kann schwieriger sein als Komplexität. Man muss hart dafür arbeiten, sein Denken zu bereinigen und es einfach zu machen.“

„Der reichste Mann auf dem Friedhof zu sein interessiert mich nicht. Abends ins Bett zu gehen und etwas Tolles geleistet zu haben, das bedeutet mir etwas.“

„Innovation unterscheidet zwischen einem Leader und einem Follower.“

„Dinge müssen nicht die Welt verändern, um wichtig zu sein.“

Licht aus, Lampen an!

Scheitern als Erfolgsmodell: Im Jahr 2011 verdienen die Pixar Animation Studios mit Animationsfilmen wie „Cars“ Millionen. Am Anfang standen vor allem Rückschläge. Überleben konnte die Firma nur dankder unverbrüchlichen Liebe ihrer Gründer zum Trickfilm – und der Finanzspritzendes Apple-Gurus Steve Jobs

Text: Benjamin Maack

Da saßen sie, Hunderte Computerexperten, einige von ihnen gehörten zu den bedeutendsten Pionieren ihrer Zeit. An diesem Sommertag im Jahr 1986 hatten sie sich auf einer Konferenz der Computergrafikbranche versammelt und warteten darauf, dass ein Film anfing. Computergrafik, das waren für den Otto Normalverbraucher Mitte der Achtziger klotzig-bunte Automatenspiele wie „Pac-Man“, „Donkey Kong“ oder die Games auf dem C64 – ein eher abstraktes Vergnügen. Auf diesem Gipfeltreffen der Grafikbranche hingegen sah man Bilder, von denen der durchschnittliche Computernutzer nicht einmal zu träumen wagte: rotierende 3-D-Objekte, die durch futuristische Landschaften flogen. Hochauflösende Logos mit Oberflächen, die in digitalen Lichtkegeln aufblitzten und ihre Umgebung reflektierten wie Chrom.

Doch erst der letzte der dort vorgestellten Filme sollte die Welt der Computeranimation für immer verändern. Der Regisseur war sich seiner Sache allerdings nicht so sicher. Sein Werk trumpfte nicht mit schillernden Effekten auf. Das Set war sogar karg: eine Tischplatte vor schwarzem Hintergrund. Auch die technischen Finessen drängten sich nicht gerade auf: Der Blickwinkel auf das Geschehen blieb den ganzen Film über starr, Schnitte gab es keine.

Zwei Visionäre unter sich: Steve Jobs trifft John Lasseter 1997 in dessen Büro bei Pixar in Emeryville, Kalifornien.

Wie zwei Lampen zu Stars wurden: Der Eineinhalbminüter „Luxo Jr." von 1986 ist einer der Meilensteine in der Geschichte des computeranimierten Films. Zwei Schreibtischlampen spielen in dem Pixar-Filmdebüt mit einem Ball, der schließlich kaputtgeht.

Trotzdem federte die Menge noch vor dem Abspann des eineinhalbminütigen Kurzfilms aus ihren Sitzen. Bedeutende Wissenschaftler und millionenschwere Manager von Computerfirmen applaudierten und johlten vor Begeisterung wie Kinder. Der Grund: Sie hatten zwei Schreibtischlampen gesehen. Genau gesagt: eine „Luxo L-1"-Arbeitsplatzleuchte – und ihr „Kind".

Zwei Lampen für ein Halleluja

„Luxo Jr.", so hieß der Film über die beiden Lampen, hatte etwas, das alle anderen Filme auf der Präsentation ausstach: eine Handlung und zwei Akteure, die das Publikum berührten. Der Regisseur hatte die beiden Leuchten zum Schauspielern gebracht. Das Paar zeigte fast menschliche Züge, ohne dass ihnen der Künstler Augen und einen Mund aufgemalt hatte. Sie rollten sich einen Ball zu, schubsten ihn mit ihren Lampenschirmen an, waren erstaunt, aufgeregt, zeigten sogar Trauer und Fassungslosigkeit. All das war mit einem Computer animiert worden.

Nach der Vorführung näherte sich ein Wissenschaftler der NASA dem Regisseur. Der machte sich schon bereit, eine komplizierte technische Frage beantworten zu müssen. Doch weit gefehlt: „War die große Lampe die Mutter oder der Vater?", diese Frage brannte dem Wissenschaftler auf der Seele. „Da wusste ich, dass wir es geschafft haben", erinnert sich John Lasseter später stolz. „Das erste Mal waren die Geschichte und die Charaktere wichtiger als die Computer-Technologie dahinter."

> „War die große Lampe die Mutter oder der Vater?", diese Frage brannte dem Wissenschaftler auf der Seele.

Lasseters „Luxo Jr." war der erste Film der Pixar Animation Studios. Später sollte die Firma mit computeranimierten Kinoproduktionen wie „Toy Story", „Cars" und „Findet Nemo" den Trickfilm revolutionieren. Doch 1986 war sie ein frisch gegründetes Start-up, das sich gerade von George Lucas' Spezialeffektefirma Industrial Lights & Magic abgekoppelt hatte. Sein Geld verdiente das Studio mehr schlecht als recht mit der Entwicklung von Hochleistungsrechnern und Software.

Revolutionäre beim „Star Wars"-Regisseur

„Ed Catmull und ich gründeten die Firma und nahmen 38 weitere Leute mit, darunter auch John Lasseter", erinnert sich Pixar-Pionier Alvy Ray Smith an den Ausstieg bei Lucasfilm. Sechs Jahre hatten Smith und seine Kollegen zuvor für „Star Wars"-Erfinder George Lucas gearbeitet und Erstaunliches vollbracht.

Während draußen, in der normalen Welt, die Computer gerade die ersten Schritte als Arbeitswerkzeug oder Spieleplattform machten, entwickelten die Wissenschaftler bei LucasArts unter der Leitung von Ed Catmull technische Innovationen wie das erste digitale Filmschneideprogramm, einen Drucker, der die im Computer bearbeiteten Szenen auf Film bannte – und einen leistungsstarken Grafikrechner namens Pixar Image Computer, der später zum Namenspaten der neuen Firma werden sollte.

Doch eigentlich hatten sie einen anderen Traum. Seit sich Catmull und Smith in den Siebzigerjahren kennengelernt hatten, teilten sie die Idee von einem komplett computeranimierten Kinofilm. Doch damals waren die Rechner lange nicht so weit wie die beiden Visionäre. Zwar gab es schon die legendären Cray Supercomputer, doch ein Exemplar kostete rund zehn Millionen Dollar.

„Wir stellten eine Berechnung an. Selbst mit hundert Cray-Computern sollte es danach immer noch zwei Jahre dauern, einen ganzen Kinofilm zu rendern", wird Ed Catmull in dem Pixar-Buch „To Infinity and Beyond!" zitiert. Also beschlossen

Für seine Arbeit bei Pixar Animation Studios erhielt Jobs zusammen mit Ed Catmull (Mitte) und John Lasseter (rechts) bei den 13. Annual Producers Guild of America Awards am 3. März 2002 den Vanguard Award.

die beiden, kleine Schritte zu machen. 1984 produzierten sie den Kurzfilm „The Adventures of André and Wally B.", den ersten Computer-Kurzfilm mit animierten Charakteren. „Für dieses Projekt stellte ich John Lasseter als Animationskünstler ein", sagt Smith, der die Regie führte.

Wie Disney einen Visionär entließ

Dass ausgerechnet Lasseter für das Projekt angeheuert wurde, scheint heute wie ein Treppenwitz der Geschichte. Sein Glaube daran, dass der Computer die Trickfilmbranche revolutionieren würde, hatte ihn kurz zuvor seinen Traumjob als Zeichner bei Disney gekostet. Dort hatte er vorgeschlagen, computeranimierte Hintergründe einzusetzen, um damit rasante Kamerafahrten zu ermöglichen. Doch seine Vorgesetzten fragten nur: „Ist es billiger, die Filme mit dem Computer zu produzieren? Oder geht es schneller?" Als Lasseter beides verneinen musste, wurde er mitsamt seiner Idee vom Trickfilm der Zukunft auf die Straße gesetzt.

„John Lasseter einzustellen war die beste Personalentscheidung meines Lebens", erinnert sich Alvy Ray Smith. Das Engagement des Trickfilmspezialisten war ein wichtiger Schritt auf dem Weg zum ersten Animationsfilm in Spielfilmlänge. George Lucas hingegen konnte sich für das Unterfangen kaum begeistern: „Ich sagte: großartig!", erklärt er in der TV-Dokumentation „The Pixar Story". „Aber um das durchzuziehen, bräuchte man 30 oder 40 Millionen Dollar, die wir nicht haben." Lucas schlug einen Deal vor: Wenn die beiden einen Investor fänden, könnten sie sich selbstständig machen. Ein Jahr lang suchten Smith und Catmull nach einem Geldgeber – dann fanden sie Steve Jobs. Der Apple-Gründer war kurz zuvor aus seinem eigenen Unternehmen gedrängt worden und investierte zehn Millionen Dollar in den Traum vom Animationsfilm aus dem Rechner. Es sollten nicht die letzten Millionen sein, die er in das Unternehmen pumpte.

Erfolgsstory mit Ladehemmung

Denn die ersten zehn Jahre von Pixar waren alles andere als eine Erfolgsgeschichte. Eigentlich wollte man sich mit dem Vertrieb des Pixar Image Computers finanziell über Wasser halten, während man die Entwicklung des Animationsfilms vorantrieb. Doch der Hochleistungsrechner fand nicht einmal 300 Abnehmer. Die meisten Geräte wurden in den medizinischen Bereich verkauft, wo mit ihnen 3-D-Modelle zu Studienzwecken erstellt wurden. Ein weiterer Abnehmer waren Geheimdienste auf der ganzen Welt, denen der Computer half, komplexe Satellitenbilder auszuwerten. „Die bezogen unsere Maschinen tatsächlich immer unter Decknamen wie Mr. Brown", erinnert sich Alvy Ray Smith belustigt.

Auch Catmulls und Smiths Software-Entwicklungen konnten anfangs die finanzielle Not nicht lindern. So wurde das „Ren-

Ein Traum wird Film: Mitte der Siebzigerjahre teilten Alvy Ray Smith und Ed Catmull die Vision, einen vollständig am Computer animierten Film zu erschaffen. Mit „Toy Story“ ging er 1995 endlich in Erfüllung.

derMan“ genannte Programm zur Berechnung dreidimensionaler Computergrafiken später zum Standard in der Filmindustrie und ermöglichte die Computereffekte in Filmklassikern wie „Jurassic Park“, „Terminator 2“ und „Herr der Ringe“. Doch in den Pioniertagen konnten sich die beiden Unternehmer davon noch nichts kaufen.

Und so fristete die Trickfilmsparte, die eigentlich das Herz der Firma sein sollte, jahrelang ein Schattendasein im Unternehmen. Von den anfangs 40 Pixar-Angestellten arbeiteten nur vier am Trickfilmprojekt. Und die hatten nicht mal ein eigenes Büro. Die Schreibtische von Lasseter und seinen drei Kollegen standen in einem der hinteren Flure des Firmengebäudes. Sie alle teilten sich den einzigen Computer in ihrer Abteilung, der leistungsstark genug war, die Ideen in ihren Köpfen in bewegte Bilder umzusetzen.

Lasseter verbrachte meist seine Nächte am Rechner, zog frühmorgens eine Matratze unter dem Tisch hervor, um etwas zu schlafen, ließ sich bald darauf wieder von der Sekretärin Deirdre Warin wecken – und schuftete direkt weiter. „Zum Ende jedes Kurzfilms machte er das wochenlang“, erinnert sie sich. Unter diesen extremen Arbeitsbedingungen entstanden von 1986 bis 1989 „Luxo Jr.“ und drei weitere Filme, mit denen Lasseter Pixars Standing als grandiose Trickfilmfirma begründete. Damit wurden sie zwar nicht reich, aber wenigstens berühmt: Schon „Luxo Jr.“ wurde 1986 für einen Oscar nominiert, 1989 erhielt Lasseter dann seinen ersten Academy Award für den Kurzfilm „Tin Toy“.

„Luxo Jr.“ wurde 1986 für einen Oscar nominiert, 1989 erhielt „Tin Toy“ einen Academy Award.

Doch nicht nur die Firmengründer brauchten außergewöhnliches Durchhaltevermögen, auch die Geduld ihres Investors wurde auf eine harte Probe gestellt: Bis 1991 pumpte der Apple-Gründer im festen Glauben an den Traum vom abendfüllenden Computer-Animationsfilm mehr als 50 Millionen Dollar in das Unternehmen und übernahm die Position des CEO. Dann endlich geschah das Wunder: Disney bot Pixar eine Kooperation für einen Kinofilm an. Der schwerfällig gewordene Trickfilmgigant beugte sich herab zum visionären Miniunternehmen. Eine späte Genugtuung für Lasseter – und der Beginn der Produktion von „Toy Story“.

Der vergessene Pixar-Gründer

Als klar war, dass der Traum der Firmengründer endlich in Erfüllung gehen würde, verließ Alvy Ray Smith, Mitinitiator von Lucasfilm und Pixar, die Firma und baute ein neues Start-up auf. „Natürlich erst, als der ‚Toy Story'-Deal in trockenen Tüchern war", sagt Smith, „und auch nach meinem Weggang telefonierten Ed und ich noch lange Zeit fast täglich, um über Details des Vertrags zu sprechen."

Merkwürdigerweise erinnert sich heute kaum noch jemand an den Firmengründer Alvy Ray Smith – sogar Pixar selbst scheint ihn zu ignorieren. Bei der Oscar-Verleihung 2011 erhielt „Toy Story 3"-Regisseur Lee Unkrich einen Oscar und bedankte sich brav bei „den drei Gründern von Pixar" – Lasseter, Catmull und Jobs. Und als Smith vor einigen Jahren auf die Firmenwebsite unter „History" guckte, traute er seinen Augen nicht: „Ich wurde dort nicht als Gründer genannt. Es wurde nur erwähnt, dass ich zusammen mit Ed und zwei anderen Pixar-Kollegen einen Oscar für technische Pionierarbeit gewonnen habe", ärgert sich Smith. Und selbst dieser Eintrag sei mittlerweile verschwunden. „Es war verwirrend und ärgerlich, aber vielleicht nicht besonders überraschend. Steve Jobs und ich hatten kein besonders gutes Verhältnis", sagt Smith. Und macht ihn das auch sauer auf Lasseter und Catmull? „Nein, ich lebe heute in Berkeley, nur ein paar Blocks vom Pixar-Hauptquartier entfernt. Ich treffe die beiden immer noch regelmäßig." Nur Jobs und er hätten kein Interesse mehr daran gehabt, sich über den Weg zu laufen. „Vor einigen Jahren waren wir beide auf einer Party im Museum of Modern Art in New York. Mehrere Leute waren schwer damit beschäftigt, dass wir uns nicht aus Versehen über den Weg liefen."

> „Ein visionärer Investor, ein Computer-Pionier und ein Künstler hatten gemeinsam eine geniale Idee."

Aber war das miese Verhältnis zu Jobs wirklich der einzige Grund für Smiths Verschwinden aus den Pixar-Annalen? Der vergessene Pionier hat eine andere Erklärung – und die passt zu ihm und seinem Ex-Unternehmen, dass heute die wohl besten Storys im Trickfilmgeschäft erzählt: „Vielleicht ist es so einfach die bessere Geschichte – ein visionärer Investor, ein Computer-Pionier und ein Künstler hatten gemeinsam eine geniale Idee."

Steve Jobs war immer schon ein guter Redner, was aber seine Stanford-Rede ganz besonders auszeichnet, ist ihre tiefe Menschlichkeit. Einfach und klar spricht er die Dinge an, die ihm wichtig sind.

„Bleibt hungrig! Bleibt tollkühn!“

Am 12. Juni 2005 hält Steve Jobs eine Rede vor Absolventen der Stanford-Universität. Er hatte gerade seine Krebsbehandlung erfolgreich überstanden. Nie wieder sprach der Apple-Chef so offen über sein Leben

Ich fühle mich geehrt, heute bei eurer Abschlussfeier in einer der besten Universitäten der Welt zu sein. Ich habe nie einen Hochschulabschluss gemacht. Um die Wahrheit zu sagen, so nahe wie jetzt gerade war ich einem College-Abschluss noch nie. Heute möchte ich euch drei Geschichten aus meinem Leben erzählen. Das ist alles. Keine große Sache. Nur drei Geschichten.

In der ersten Geschichte geht es darum, die Punkte zu verbinden.

Ich habe das Reed College nach den ersten sechs Monaten abgebrochen, bin dann aber noch 18 Monate als Gast geblieben, bevor ich wirklich aufhörte. Warum habe ich nicht weitergemacht?

Es begann schon vor meiner Geburt. Meine leibliche Mutter war eine junge, unverheiratete College-Studentin. Und sie beschloss, mich zur Adoption freizugeben. Es war ihr sehr wichtig, dass ich von College-Absolventen adoptiert werden sollte. Also wurde alles dafür vorbereitet, dass ich schon bei Geburt von einem Anwalt und seiner Frau adoptiert werde. Aber als ich auf die Welt kam, entschieden sie in letzter Minute, dass sie eigentlich ein Mädchen wollten. So bekamen meine Eltern, die auf einer Warteliste standen, mitten in der Nacht einen Anruf: ‚Wir haben unerwartet noch einen Jungen, wollen sie ihn?' Sie sagten: ‚Natürlich.' Meine leibliche Mutter fand später heraus, dass meine Mutter nie ein College abgeschlossen und dass mein Vater nicht einmal eine Highschool absolviert hatte. Sie weigerte sich, die Adoptionspapiere zu unterschreiben. Sie lenkte erst ein paar Monate später ein, als meine Eltern versprachen, dass ich eines Tages aufs College gehen würde.

Und 17 Jahre später besuchte ich tatsächlich ein College. Aber ich wählte naiverweise ein College, das fast so teuer war wie Stanford. Die gesamten Ersparnisse meiner Eltern aus der Arbeiterklasse gingen für meine College-Gebühren drauf. Nach sechs Monaten konnte ich den Wert nicht mehr erkennen. Ich hatte keine Ahnung, was ich mit meinem Leben anfangen wollte, und keine Vorstellung davon, wie mir das College dabei helfen sollte, es herauszufinden. Und ich war dabei, das ganze Geld auszugeben, das meine Eltern ihr ganzes Leben lang gespart hatten. Also beschloss ich, das Studium abzubrechen und darauf zu vertrauen, dass sich alles zum Guten wenden würde. Damals war das ziemlich beängstigend, aber rückblickend war es eine der besten Entscheidungen, die ich je getroffen habe. In dem Moment, in dem ich mein Studium abbrach, konnte ich aufhören, die Pflichtfächer zu belegen, die mich nicht interessierten, und mich in die Fächer einschreiben, die mir viel spannender erschienen.

Es war nicht alles romantisch. Ich hatte kein Zimmer im Studentenwohnheim, also schlief ich bei Freunden auf dem Fußboden, brachte Colaflaschen zurück, um mit dem Fünf-Cent-Pfand Essen kaufen zu können, und lief jeden Sonntagabend die sieben Meilen quer durch die Stadt, um im Hare-Krishna-Tempel eine gute Mahlzeit pro Woche zu bekommen. Ich habe es geliebt. Und vieles von dem, worüber ich stolperte, weil ich meiner Neugierde und Intuition folgte, erwies sich später als unbezahlbar. Lasst mich euch ein Beispiel nennen:

Das Reed College hat damals vielleicht den besten Kalligrafie-Kurs im ganzen Land angeboten. Auf dem gesamten Campus waren jedes Poster, jedes Etikett auf jeder Schublade wunderschön von Hand kalligrafiert. Da ich mein Studium abgebrochen hatte und nicht an den normalen Kursen teilnehmen musste, beschloss ich, einen Kalligrafiekurs zu belegen, um zu lernen, wie man das macht. Ich erfuhr etwas über serifenbetonte und serifenlose Schriften, über die unterschiedlichen Abstände zwischen verschiedenen Buchstabenkombinationen und darüber, was gute Typografie ausmacht. Es war wunderschön, historisch, künstlerisch subtil auf eine Weise, die die Wissenschaft nicht erfassen kann, und ich fand es faszinierend.

Nichts davon hatte zu der Zeit auch nur den Hauch einer Hoffnung, irgendwie praktische Verwendung in meinem Leben zu finden. Aber zehn Jahre später, als wir den ersten Macintosh-Computer entwarfen, fiel mir das alles wieder ein. Und wir haben das alles in den Mac eingebracht. Es war der erste Computer mit schöner Typografie. Hätte ich diesen einen Kurs an der Uni nicht besucht, hätte der Mac nie mehrere Schriftarten oder proportionale Schriftabstände gehabt. Und da Windows den Mac einfach kopiert hat, hätte sie wahrscheinlich auch kein anderer Personal Computer gehabt.

Hätte ich also nicht das College geschmissen, dann hätte ich mich vermutlich nie in diesen Kalligrafie-Kurs eingeschrieben, und Personal Computer hätten sicherlich auch keine dieser wundervollen Schriftzeichen. Natürlich war es unmöglich, eine Verbindung zwischen den einzelnen Punkten herzustellen, als ich noch am College war. Aber zehn Jahre später ergab sich daraus ein sehr, sehr klares Bild.

Auch hier gilt: Man sieht keine Verbindung zwischen den Punkten, wenn man nach vorn schaut. Man kann sie nur verbinden, wenn man später zurückblickt. Man muss sich also darauf verlassen, dass sich diese einzelnen Punkte in der Zukunft irgendwie verbinden werden. Man muss auf etwas vertrauen – auf sein Bauchgefühl, das Schicksal, das Leben, das Karma, was auch immer. Dieser Ansatz hat mich nie enttäuscht, und er hat in meinem Leben den entscheidenden Unterschied gemacht.

Meine zweite Geschichte handelt von Liebe und Verlust.

Ich hatte Glück – ich habe schon früh im Leben gefunden, was ich gerne tue. Woz und ich gründeten Apple in der Garage meiner Eltern, als ich 20 war. Wir arbeiteten hart, und innerhalb von zehn Jahren war Apple von uns beiden in der Garage zu einem Zwei-Milliarden-Dollar-Unternehmen mit über 4000 Mitarbeitern herangewachsen. Ein Jahr zuvor hatten wir unsere beste Entwicklung – den Macintosh – auf den Markt gebracht, ich war gerade 30 geworden.

Und dann wurde ich gefeuert. Wie kann man von einem Unternehmen gefeuert werden, das man selbst gegründet hat? Nun, als Apple wuchs, stellten wir jemanden ein, den ich für sehr talentiert hielt, um das Unternehmen gemeinsam mit mir zu leiten, und im ersten Jahr lief auch alles gut. Aber dann begannen unsere Vorstellungen von der Zukunft auseinanderzugehen, und schließlich kam es zum Zerwürfnis. Als das passierte, schlug sich unser Verwaltungsrat auf seine Seite. Mit 30 war ich also raus. Und zwar vor den Augen der ganzen Öffentlichkeit. Das, worauf sich mein ganzes Leben als Erwachsener konzentriert hatte, war weg, und das war niederschmetternd.

Ein paar Monate lang wusste ich wirklich nicht, was ich tun sollte. Ich hatte das Gefühl, dass ich die vorherige Unternehmergeneration im Stich gelassen hatte – dass ich den Staffelstab, der an mich weitergegeben wurde, fallen gelassen hatte. Ich traf mich mit David Packard und Bob Noyce und versuchte, mich dafür zu entschuldigen, dass ich es so sehr vermasselt hatte. Es war ein sehr öffentliches Scheitern, und ich überlegte sogar, aus dem Valley zu fliehen. Aber allmählich wurde mir etwas bewusst – ich liebte immer noch das, was ich tat. Daran hatte auch die Wende bei Apple nichts geändert. Ich war zwar zurückgewiesen worden, aber ich war immer noch in die Arbeit verliebt. Und so beschloss ich, neu anzufangen.

Ich konnte es damals noch nicht sehen, aber es stellte sich heraus, dass die Entlassung bei Apple das Beste war, was mir je hätte passieren konnte. Die Last, erfolgreich sein zu müssen, wurde ersetzt durch die Leichtigkeit, wieder ein Anfänger zu sein. Es befreite mich, und einer der kreativsten Abschnitte meines Lebens brach an.

In den nächsten fünf Jahren gründete ich ein Unternehmen namens NeXT, ein weiteres Unternehmen namens Pixar und verliebte mich in eine wunderbare Frau, die meine Ehefrau werden sollte. Pixar schuf den ersten computeranimierten Spielfilm der Welt, ‚Toy Story', – und ist heute das erfolgreichste Trickfilm-Studio der Welt. In einer bemerkenswerten Wendung der Ereignisse kaufte Apple NeXT, ich kehrte zu Apple zurück, und die Technologie, die wir bei NeXT entwickelt haben, ist das Herzstück der aktuellen Renaissance von Apple. Und Laurene und ich haben eine wunderbare Familie zusammen. Ich bin mir ziemlich sicher, dass nichts von all dem passiert wäre, wenn ich nicht von Apple gefeuert worden wäre. Es war eine scheußlich schmeckende Medizin, aber ich denke, der Patient brauchte sie. Manchmal schlägt dich das Leben mit einem Ziegelstein auf den Kopf. Verliere dann nicht den Glauben. Ich bin überzeugt, dass das Einzige, was mich weitermachen ließ, war, dass ich liebte, was ich tat. Man muss herausfinden, was man liebt. Und das gilt für die Arbeit wie für das Privatleben. Die Arbeit wird einen großen Teil eures Lebens ausfüllen, und die einzige Möglichkeit, wirklich zufrieden zu sein, besteht darin, das zu tun, was ihr für eine großartige Arbeit haltet. Und der einzige Weg, großartige Arbeit zu leisten, ist, zu lieben, was man tut. Wenn ihr es noch nicht gefunden habt – sucht weiter. Gebt euch nicht zufrieden. Wie bei allen Herzensangelegenheiten werdet ihr es merken, wenn ihr es gefunden habt. Und wie jede großartige Beziehung wird es mit den Jahren besser und besser. Also sucht weiter, bis ihr es findet. Gebt nicht auf.

Die dritte Geschichte handelt vom Tod.

Als ich 17 Jahre alt war, habe ich ein Zitat gelesen, das ging ungefähr so: ‚Wenn du jeden Tag so lebst, als wäre es dein letzter, wirst du eines Tages ganz sicher recht haben.' Das hat mich beeindruckt, und seitdem, seit 33 Jahren, schaue ich jeden Morgen in den Spiegel und frage mich: ‚Wenn heute der letzte Tag meines Lebens wäre, würde ich dann das tun wollen, was ich heute tun werde?' Und wenn die Antwort an zu vielen Tagen hintereinander ‚Nein' lautete, wusste ich, dass ich etwas ändern musste.

Die Erinnerung daran, dass ich bald tot sein werde, ist das wichtigste Hilfsmittel, das mir je begegnet ist, um die großen Entscheidungen im Leben zu treffen. Denn fast alles – alle äußeren Erwartungen, aller Stolz, alle Angst vor Blamage oder Versagen – fällt im Angesicht des Todes einfach weg und lässt nur das übrig, was wirklich wichtig ist. Sich daran zu erinnern, dass man sterben wird, ist der beste Weg, den ich kenne, um der Falle zu entgehen, dass man denkt, man hätte etwas zu verlieren. Du bist bereits nackt. Es gibt keinen Grund, deinem Herzen nicht zu folgen.

Vor etwa einem Jahr wurde bei mir Krebs diagnostiziert. Morgens um 7.30 Uhr wurde ich gescannt, und es zeigte sich eindeutig ein Tumor in meiner Bauchspeicheldrüse. Ich wusste nicht einmal, was eine Bauchspeicheldrüse ist. Die Ärzte sagten mir, dass es sich mit ziemlicher Sicherheit um eine Krebsart handele, die nicht heilbar sei, und dass ich nicht länger als drei bis sechs Monate zu leben hätte. Mein Arzt riet mir, nach Hause zu gehen und meine Angelegenheiten zu regeln, was in der Sprache der Ärzte bedeutet, sich auf den Tod vorzubereiten. Es bedeutet, dass man versuchen sollte, seinen Kindern in wenigen Monaten all das zu erzählen, wovon man dachte, dass man die nächsten zehn Jahre Zeit dazu hätte. Es bedeutet, dafür zu sorgen, dass alles so geregelt ist, dass es für Ihre Familie so einfach wie möglich ist. Es bedeutet, dass man sich verabschieden muss.

Ich lebte den ganzen Tag mit dieser Diagnose. Später am Abend wurde eine Biopsie durchgeführt, bei der man mir ein Endoskop in den Hals, durch den Magen und in den Darm schob, eine Nadel in die Bauchspeicheldrüse steckte und ein paar Zellen aus dem Tumor entnahm. Ich wurde betäubt, aber meine Frau, die dabei war, erzählte mir, dass die Ärzte zu weinen begannen, als sie die Zellen unter dem Mikroskop betrachteten, denn es stellte sich heraus, dass es sich um eine sehr seltene Form von Bauchspeicheldrüsenkrebs handelte, die durch eine Operation heilbar ist. Ich wurde operiert, und jetzt geht es mir gut.

So nahe war ich dem Tod noch nie, und ich hoffe, dass ich ihm noch ein paar Jahrzehnte lang so wenig nahe sein werde wie jetzt. Nachdem ich es aber durchlebt habe, kann ich euch jetzt mit etwas mehr Gewissheit sagen als zu der Zeit, als der Tod ein zwar nützliches, aber rein intellektuelles Konzept war:

Keiner will sterben. Selbst Menschen, die in den Himmel kommen wollen, wollen nicht sterben, um dorthin zu gelangen. Und doch ist der Tod das Ende, das wir alle teilen. Keiner ist ihm je entkommen. Und das ist auch gut so, denn der Tod ist sehr wahrscheinlich die beste Erfindung des Lebens. Er ist der Veränderer des Lebens. Er räumt das Alte aus dem Weg, um Platz für das Neue zu schaffen. Im Moment seid ihr das Neue, aber eines nicht allzu fernen Tages werdet ihr allmählich zum Alten werden und weggeräumt werden. Es tut mir leid, dass ich so dramatisch bin, aber es ist wirklich so.

Eure Zeit ist begrenzt, also verschwendet sie nicht damit, das Leben eines anderen zu leben. Seid nicht in Dogmen gefangen – was bedeutet, den Gedanken anderer Leute zu folgen. Lasst nicht den Lärm fremder Meinungen eure eigenen inneren Stimmen übertönen. Und am allerwichtigsten: Habt den Mut, eurem Herzen und eurer Intuition zu folgen. Irgendwie wisst ihr schon, was ihr wirklich werden wollt. Alles andere ist nebensächlich.

Als ich jung war, gab es eine erstaunliche Zeitschrift mit dem Namen ‚The Whole Earth Catalog'. Es war so etwas wie eine Bibel für meine Generation. Sie wurde von einem Mann namens Stewart Brand nicht weit von hier in Menlo Park erstellt, und er erweckte sie mit seiner poetischen Note zum Leben. Das war in den späten 1960er-Jahren, noch vor Computern und Desktop-Publishing, also wurde alles mit Schreibmaschinen, Scheren und Polaroid-Kameras gemacht. Es war so etwas wie Google in Taschenbuchform, 35 Jahre bevor Google aufkam: Es war idealistisch und voller toller Werkzeuge und großartiger Ideen.

Stewart und sein Team veröffentlichten mehrere Ausgaben des ‚Whole Earth Catalog', und dann, als das Magazin ausgedient hatte, brachten sie eine letzte Ausgabe heraus. Es war Mitte der 70er-Jahre, und ich war in eurem Alter. Auf der Rückseite der letzten Ausgabe war ein Foto von einer Landstraße am frühen Morgen zu sehen, auf der man vielleicht trampen würde, wenn man abenteuerlustig wäre. Darunter standen die Worte: ‚Bleib hungrig. Bleib tollkühn.' Das war ihre Abschiedsbotschaft, als sie sich abmeldeten. Bleibt hungrig. Bleib tollkühn. Und das habe ich mir immer für mich selbst gewünscht. Und jetzt, da ihr euren Abschluss macht, um neu anzufangen, wünsche ich mir das auch für euch.

Bleibt hungrig! Bleibt tollkühn!
Herzlichen Dank."

Sein Privatleben – seine Oase der Ruhe

Eine Seite, die kaum jemand kennt, über die er fast nie sprach: Steve Jobs war immer auch ein liebevoller Ehemann und Familienvater

„Klug, aber unprätentiös; stark genug, um sich gegen ihn behaupten zu können, aber tief genug in der Zen-Philosophie verankert, um über allen Turbulenzen zu stehen; gebildet und unabhängig, aber bereit, für ihn und eine Familie ein Heim zu schaffen; bodenständig, aber mit einem ätherischen Touch; schlau genug, um zu wissen, wie sie ihn lenken konnte, aber selbstsicher genug, um dies nicht immer tun zu müssen. Und es würde natürlich nicht schaden, wenn sie eine schöne, schlanke Blondine wäre mit einem unbeschwerten Sinn für Humor und einer Vorliebe für vegetarische Biokost“, so beschreibt Biograf Walter Isaacson die perfekte Frau für Steve Jobs. Voilà: Im Oktober 1989 tritt genau so eine Frau in sein Leben. Sie heißt Laurene Powell. Zuvor hatte er sich gerade von der IT-Spezialistin Tina Redse getrennt. Seine erste große Liebe, 1985 hatten sich die beiden kennengelernt, ihre Lebensentwürfe klafften aber so weit auseinander, dass ein Zusammenleben nicht funktionieren konnte. Aber er hat sie nie vergessen. Noch kurz vor seinem Tod erzählte er seinem Biografen, dass es nur zwei Frauen in seinem Leben gegeben hätte, die er wirklich geliebt hat: Laurene und Tina.

Wer ist Laurene Powell Jobs? Die Witwe des Tech-Zauberers wird 1963 in West Milford im US-Staat New Jersey geboren. Ihre Mutter ist Lehrerin, ihr Vater Marine-Pilot. Er stirbt, als Laurene drei Jahre alt ist, wie ein Held bei einem Flugunfall – denn er bezahlt den Versuch, sein abstürzendes Flugzeug nicht in einem Wohngebiet runtergehen zu lassen, mit seinem Leben. Ihre Mutter wird später nochmals heiraten. Die neue Ehe macht die Kindheit der vier Geschwister aber zu einem Albtraum. Laurene wartet auf den Tag, an dem sie das Haus verlassen und aufs College gehen kann. Nach einem Politikstudium an der Wharton School of the University of Pennsylvania arbeitet sie erst einmal an der Wall Street bei den Investmentbanken Merrill Lynch und Goldman Sachs. Später zieht sie nach Kalifornien und erwirbt einen Master of Business Administration (MBA) an der Stanford's Graduate School of Business. Im Oktober 1989 lernt sie Steve Jobs während einer Lesung an der Stanford Business School kennen. Der Apple-Co-Gründer sitzt neben ihr im Auditorium, bevor er als Gastvortragender eine Rede hält. Sie scherzt, dass sie ein Gewinnspiel gewonnen habe. Der Preis: ein Abendessen mit dem Apple-Gründer. Jobs ist sofort fasziniert und „löst" den Gewinn noch am selben Abend ein. Sie verlieben sich und sind seither ein Paar.

Zwei Jahre nach ihrem Kennenlernen findet die Hochzeit im März 1991 im Ahwahnee Hotel im Yosemite National Park statt. Den Ort wählen sie, weil er die für sie so wichtigen Themen Natur und Nachhaltigkeit verbindet. Steve Jobs ist 36, Laurene Powell 27. Verantwortlich für die Zeremonie ist ein enger Freund des Bräutigams, der Zen-Meister Kobun Tino Otogawa. Bei einer Reise nach Indien Mitte der 70er-Jahre kommt Jobs mit östlichen Religionen in Kontakt und entdeckt seine Leidenschaft für den Zen-Buddhismus. In Kalifornien lernt er dann Kobun kennen, sie treffen sich beinahe täglich zur Meditation. Manchmal meditieren sie auch ein ganzes Wochenende. Der Zen-Meister, von vielen einfach nur Kobun oder Chino gerufen, gehört zu den einflussreichsten Personen im Leben des Steve Jobs. Nach der Zeremonie gehen alle zusammen im Schnee wandern …

Steve und Laurene bekommen zwischen 1991 und 1998 drei Kinder: Eve, Reed und Erin (v.l.n.r.). Für seine Familie nimmt sich der Workaholic stets Zeit. Er hilft den Kindern bei den Hausaufgaben, besucht Elternabende, achtet auf eine gesunde Ernährung. Denn: „Die Balance zwischen meiner Karriere und meiner Rolle als Vater ist mir wichtig", wie er mehrfach betont. Zu seinem Sohn Reed hat er von Beginn an eine ganz besondere Beziehung. So erzählt Steve in einem seiner vielen Gespräche mit seinem Biografen Walter Isaacson: „Als bei mir Krebs diagnostiziert wurde, machte ich meinen Deal mit Gott oder was auch immer, der darin bestand, dass ich unbedingt sehen wollte, wie Reed seinen Abschluss macht." Und auch der Sohn zeigt seine ganz besondere Nähe zum Vater, indem er sich entscheidet, Onkologie zu studieren und in die Forschung zu gehen. Er macht 2014 seinen Abschluss in Stanford und arbeitet seitdem in leitender Position bei Emerson Collective, einer philanthropischen Organisation seiner Mutter. Tochter Erin Siena, 1995 geboren, hat an der Stanford University Architektur und Design studiert. Die jüngste Tochter erblickt – wie der erste iMac – 1998, das Licht der Welt. „Eve ist unberechenbar, ich hab noch nie ein Kind mit einem derart starken Willen gesehen", beschreibt sie Jobs sichtbar stolz. Ihr Debüt als Testimonial für Glossier, eine bei der Generation Z beliebten Beauty-Marke, gibt sie im Dezember 2020. Hauptsächlich studiert sie aber Science Technology und Society in Stanford und widmet sich erfolgreich ihrem Hobby, dem Springreiten.

Mit 23 wird Steve Jobs das erste Mal Vater. Ungewollt. „Für ihn war ich ein Makel in seiner spektakulären Karriere", so beschreibt die 1978 unehelich geborene Tochter Lisa Brennan in ihrer 2018 erschienenen Biografie „Beifang" (Berlin Verlag) das Verhältnis zum berühmten Vater. Ihre Mutter ist seine Studienfreundin, die Malerin Chrisann Brennan, mit der Jobs fünf Jahre zusammenlebt. Als sie schwanger wird, trennt er sich und streitet seine Vaterschaft mit der Begründung, unfruchtbar zu sein, so lange ab, bis ihn der Staat Kalifornien zwingt, einen Vaterschaftstest zu machen und Unterhalt zu zahlen. 385 Dollar Unterhalt im Monat plus Krankenversicherung zahlt er Lisas Mutter, die zwei Jobs hat und teilweise von der Fürsorge lebt, um sich und das Kind durchzubringen. Wenige Tage nachdem der Unterhaltsvertrag unterzeichnet ist, so erinnert sich Lisa, geht Apple an die Börse, und Jobs ist mehrfacher Millionär. Er stockt den Unterhalt auf 500 Dollar auf. Lisa Brennan verbringt den größten Teil ihrer Kindheit bei ihrer oft völlig überforderten Mutter. Sie ist acht, als ihr Vater wieder auftaucht. Nachdem er aus seiner eigenen Firma rausgeschmissen wurde, beginnt er, sich mehr um sie zu kümmern. Später in der Pubertät lebt sie einige Jahre bei ihm und seiner Familie. Aus Lisa Brennan wird offiziell Lisa Brennan-Jobs, ein Mädchen, das zwischen einem Hippie-Haushalt ohne Geld und einer glamourösen Villa hin- und herpendelt.

Wie Steve Jobs seine einzige Schwester kennenlernt. Steve Jobs erfährt erst mit 27 Jahren, dass er eine leibliche Schwester hat. Mona Simpson, so ihr Name, ist eine bekannte Romanautorin und Essayistin, die mit „Anywhere but Here" einen erfolgreichen Bestseller geschrieben hat, der 1999 von Wayne Wang verfilmt wurde. Mit ihr verbindet Jobs eine tiefe Freundschaft. „Wir sind eine Familie. Sie ist eine meiner besten Freundinnen. Ich telefoniere jeden zweiten Tag mit ihr", sagt Jobs in einem Interview Ende der 1990er-Jahre mit dem „New York Times Magazine". Mona Simpson kommt 1957 als zweites Kind von Steves leiblichen Eltern Abdulfattah Jandali und Joanne Schieble, die mittlerweile verheiratet sind, auf die Welt. Jandali verlässt die Familie, als Mona fünf Jahre alt ist. Sie wächst in Wisconsin bei ihrer Mutter auf. Über die Suche nach ihrem Vater verfasst Mona Simpson das Buch „ The Lost Father". Ein fiktionales Porträt ihres Bruders ist Thema von „A Regular Guy". Seine Schwester ist auch bei ihm in Palo Alto, als er stirbt. „Sein Atem wurde schwer, bewusst, bedeutsam. Ich spürte, dass er seine Schritte zählte und weiter ging als zuvor. Ich verstand: Er arbeitete auch an dieser Sache. Der Tod ereilte Steve nicht, Steve hat ihn erlangt." Seine letzten Worte waren, so berichtet es seine Schwester: „Oh wow. Oh wow. Oh wow."

Als Jobs stirbt, vermacht er seiner Frau sein ganzes Vermögen, darunter 5,5 Millionen Apple-Aktien und 7,3 Prozent der Wertpapiere der Unterhaltungsfirma The Walt Disney Company. Das macht sie zur Milliardärin und zu einer der reichsten Frauen der Welt. Powell Jobs sitzt im Aufsichtsrat mehrerer Organisationen, darunter Teach for America, Conservation International und die New America Foundation. Sie ist dazu Mitglied des Beratungsgremiums Council on Foreign Relations sowie des Kuratoriums der Stanford University. Wie ihr Mann hält sich Powell Jobs in der Öffentlichkeit mit persönlichen Meinungen zurück. Trotzdem unterstützt sie 2016 den Wahlkampf von Präsidentschaftskandidatin Hillary Clinton. Sie erwirbt das „Pop-Up Magazine" und große Anteile an der Zeitschrift „Atlantic" sowie an Monumental Sports, dem die Basketballteams Washington Wizards und Mystics sowie das Eishockeyteam Washington Capitals gehören. Zudem unterstützt sie mit großem Engagement den ehemaligen Bildungsminister Arne Duncan im Kampf gegen zunehmende Waffengewalt in Chicago.

Im Herbst 2003 erfährt Jobs, dass er an Bauchspeicheldrüsenkrebs leidet. Wobei er Glück im Unglück hat, eine Biopsie zeigt, dass seine Form der Krankheit eine seltene und weniger aggressive ist. Denn beim Inselzellen-Krebs befindet sich der Tumor am sogenannten Pankreasschwanz, dem linken dünnen Ende der Bauchspeicheldrüse, das bis zur Milz reicht. Nur fünf Prozent der Bauchspeicheldrüsen-Tumore sitzen an dieser Stelle. Sie können bedeutend unkomplizierter entfernt werden als die am rechten Ende. Aber, wie sich Ehefrau Laurene Powell erinnert, Steve Jobs ist – trotz der guten Prognose – „nicht bereit, seinen Körper aufschneiden zu lassen". Sie fügt hinzu: „Es ist ziemlich schwer, jemanden dazu zu überreden." Sie versucht es trotzdem, mit einem Argument, das Jobs neun Monate später offenbar überzeugt: „Der Körper ist da, um dem Geist zu dienen." Bis dahin aber versucht er, die Erkrankung ohne die Methoden der Schulmedizin zu bekämpfen – er probiert alternative Heilmethoden, Fruchtsäfte, Akupunktur, bezieht sogar Hellseher in seine Behandlung mit ein. Als er sich 2004 schließlich für die OP entscheidet, haben sich die Tumorzellen bereits im Gewebe rund um die Bauchspeicheldrüse verteilt.

Auch wenn die Operation erfolgreich verläuft, die Sorge um Jobs' Gesundheit bleibt und bewegt sogar den Aktienkurs von Apple. 2009 erklärt der CEO dann seinen deutlich sichtbaren Gewichtsverlust mit einem behandelbaren hormonellen Ungleichgewicht und lässt wieder keinen Zweifel daran, Apple zu führen. Im selben Jahr muss er sich dann aber doch einer Lebertransplantation unterziehen. Im Januar 2011 kündigt Jobs einen befristeten Ausstieg aus dem Tagesgeschäft aus gesundheitlichen Gründen an, bleibt aber als CEO weiter an strategischen Entscheidungen beteiligt. Im August veröffentlicht Apple eine Erklärung, nach der Jobs als CEO zurücktritt und in den Aufsichtsrat des Unternehmens wechselt. Am 5. Oktober 2011 stirbt der Apple-Gründer.

Eine Jacht, die wie ein Steve-Jobs-Traum aussieht… In der Biografie von Steve Jobs wird über eine Jacht berichtet, die er für seine Familie plane, und deren Design an die Apple-Stores und -Produkte erinnern soll. Gut ein Jahr nach seinem Tod läuft die auf den Namen „Venus“ getaufte Jacht dann vom Stapel. Geradlinig, minimalistisch und klar konturiert, das sind die Markenzeichen der rund 78 Meter langen „Venus“– die damit eine der hundert längsten Jachten der Welt zu der Zeit ist. Gebaut wird sie in der Schiffswerft Royal de Vries im niederländischen Aalsmeer. Der französische Designer Philippe Starck hat das Schiff zusammen mit Jobs entworfen und mit der Jobs-Witwe Laurene Powell fertiggebaut. Das Schiff kostet am Ende mehr als 100 Millionen Dollar und hebt sich mit seiner futuristischen Optik konsequent von anderen High-End-Booten ab. Die Aufbauten des Hauptdecks bestehen aus deckenhohen, 23 Meter langen und 6 mm dicken Glaswänden. Auch die Kabinenfenster im Unterdeck sind deckenhoch und ebenfalls aus Spezialglas gefertigt. „Klare Linien auf Basis einer Pyramidenform mit viel Glas“, sagen die einen. „Ein Panzerkreuzer mit Tarnkappen-Optik“, sagen die anderen. Aber über Geschmack lässt sich ja bekanntlich streiten…

Während Jobs zum mächtigsten Mann des Silicon Valley aufsteigt, verfolgt seine Frau eigene Projekte, zumeist mit wohltätigem Hintergrund. Sie leitet ein Naturkostunternehmen, Terravera, eine Firma für Bionahrung, wo mit Körnern und Hülsenfrüchten Rohmaterialien für die Nahrungs- und Futtermittelindustrie hergestellt werden. 1997 folgt die Gründung des Nonprofit College Track, wo Schüler aus ärmeren Verhältnissen bei der Vorbereitung fürs Studium durch Nachhilfe-Programme und Mentoren unterstützt werden. 2002 gründet sie dann Emerson Collective – eine Dachorganisation für ihre philanthropischen und geschäftlichen Interessen – benannt nach dem berühmten Poeten Ralph Waldo Emerson: Die Organisation investiert in Projekte mit dem Schwerpunkt Einwanderung, soziale Gerechtigkeit und Bildung. Emerson Collective stellt Startkapital für Start-ups bereit. Ihre Motivation: „Ich will alle meine Kontakte bestmöglich ausnutzen, um so viel wie möglich zu helfen“, sagte sie der „New York Times“ im Jahr 2013.

Gemeinsam für eine bessere Welt. Was Steve Jobs und seine Frau Laurene Powell Jobs spirituell vereint, ist die tiefgreifende Erkenntnis, „dass wir die Welt, in die wir hineingeboren werden, nicht als etwas Festes und Undurchlässiges akzeptieren müssen. Wenn man näher heranzoomt, besteht sie nur aus Atomen, genau wie wir. Und sie bewegen sich die ganze Zeit. Und durch Energie, Willenskraft, Absicht und Konzentration können wir sie tatsächlich verändern. Sie bewegen."

„Die Welt hat einen faszinierenden Menschen verloren." Am Abend des 5. Oktobers 2011 (Ortszeit) erscheint im Internetauftritt von Apple die Todesnachricht. Die Startseite zeigt ein großes, nachdenkliches Schwarz-Weiß-Bild des Apple-Gründers mit den Lebensdaten 1955 und 2011. Jobs trägt auf dem Foto den für ihn typischen schwarzen Rollkragenpullover. Dann folgt die Würdigung: Apple trauere um einen „Visionär und ein kreatives Genie", und weiter, „die, die das Glück hatten, ihn zu kennen und mit ihm zu arbeiten, haben einen Freund und Mentor verloren".

Das Vermächtnis

Für seine autorisierte Biografie führte der amerikanische Schriftsteller Walter Isaacson 40 Interviews mit Steve Jobs. Darüber hinaus sprach er mit über „100 Freunden, Verwandten, Konkurrenten, Gegnern und Kollegen", um die Angaben zu verifizieren. Hier ein Auszug über das, was vom Apple-Gründer bleibt

Seine Persönlichkeit spiegelte sich in den Produkten wider, die er schuf. Die zentrale Philosophie von Apple – vom Ur-Macintosh 1984 bis hin zum iPad eine Generation später – war die allumfassende Integration von Hard- und Software. Und genauso war es auch bei Steve Jobs: Seine Persönlichkeit, seine Leidenschaften, sein Perfektionismus, seine Dämonen, seine Begierden, seine künstlerischen Fähigkeiten, seine Gemeinheit und seine Kontrollversessenheit – all das war damit verwoben, wie er geschäftlich vorging, und mit den innovativen Produkten, die dabei herauskamen.

In der einheitlichen Feldtheorie, die Jobs' Persönlichkeit mit seinen Produkten zusammenbringt, steht sein auffälligstes Persönlichkeitsmerkmal gleich zu Beginn: seine Intensität. Sein Schweigen konnte ebenso eindringlich sein wie seine Schimpftiraden – er hatte es sich selbst beigebracht, ohne Blinzeln zu starren. Diese Intensität hatte manchmal etwas Charmantes – auf eine freakige Art und Weise –, etwa wenn er einem die Tiefsinnigkeit der Musik von Bob Dylan erläuterte oder wenn er jedes Mal bei der Präsentation eines neuen Produktes erklärte, warum genau dieses das Tollste war, das Apple je hergestellt hat. In anderen Momenten hatte diese Intensität etwas Furcht einflößendes, etwa wenn er darüber schimpfte, wie Google oder Microsoft Apple beklauten.

Er betrachtete sich selbst als Künstler, was er auch war, und er frönte dem Temperament eines solchen.

Diese Intensität beförderte seine binäre Weltsicht. Weggefährten sprachen in diesem Zusammenhang von der Dichotomie Held/Mistkerl. Man war entweder das eine oder das andere, manchmal an ein und demselben Tag. Das Gleiche galt für Produkte, für Ideen, selbst für Essen: Eine Sache wurde entweder zum „Besten aller Zeiten" erklärt, oder sie war beschissen, gehirnamputiert, ungenießbar. In Konsequenz davon konnte jeder von ihm wahrgenommene Mangel eine Schimpftirade auslösen. Die Oberflächenverarbeitung eines Metallteils, die Wölbung eines Schraubenkopfes, die Farbschattierung eines Blautons auf einem Gehäuse, die Intuitivität eines Navigationsbildschirms – alles erklärte er regelmäßig für „vollkommen scheiße" bis zu jenem Moment, wenn er plötzlich verkündete, es sei „absolut perfekt". Er betrachtete sich selbst als Künstler, was er auch war, und er frönte dem Temperament eines solchen.

Seine Suche nach Perfektion führte zu dem Drang, dass Apple allumfassende Kontrolle über alle hergestellten Produkte ausüben sollte. Er bekam regelrecht Hautausschlag oder etwas noch Schlimmeres, wenn er darüber nachdachte, wie Apples tolle Software auf der schlechten Hardware anderer Firmen laufen könnte. Und er reagierte geradezu allergisch auf den Gedanken an nicht genehmigte Apps oder Inhalte, die die Perfektion eines Apple-Geräts besudeln könnten. Die Fähigkeit, Hardware, Software und Content in ein einziges einheitliches System zu integrieren, machte es ihm möglich, Einfachheit durchzusetzen. Der Astronom Johannes Kepler hatte erklärt: „Die Natur liebt Einfachheit und Einheit." Genau das tat auch Jobs.

Diese feine Nase für integrierte Systeme positionierte ihn ganz klar auf einer Seite der Kluft innerhalb der digitalen Welt: offen vs. geschlossen. Das aus dem Homebrew Computer Club stammende Hackerethos favorisierte den offenen Zugang, bei dem wenig zentralisierte Kontrolle existiert und man die Freiheit besitzt, Hard- und Software zu modifizieren, Codes auszutauschen, auf offene Standards hin zu programmieren, proprietäre Systeme zu meiden und Inhalte und Anwendungen hervorzubringen, die mit vielfältigen Geräten und Betriebssystemen kompatibel sind. Der junge Steve Wozniak gehörte zu diesem Lager: Der Apple II, den er entworfen hatte, ließ sich leicht öffnen und wies reichlich Slots und Ports auf, an die man anschließen konnte, was einem beliebte. Mit dem Macintosh jedoch wurde Jobs zum Gründervater des anderen Lagers. Der Macintosh ähnelte einem Haushaltsgerät – Hard- und Software waren eng miteinander verwoben und gegenüber Modifikationen abgeschottet. Das Hackerethos wurde geopfert, um ein nahtloses und einfaches Nutzererlebnis zu ermöglichen.

Das führte dazu, dass Jobs anordnete, Apples Betriebssystem für keine Hardware einer anderen Firma verfügbar zu machen. Microsoft verfolgte die umgekehrte Strategie und ließ das Betriebssystem Windows auf geradezu promiske Art und Weise lizenzieren. Dabei kamen zwar nicht die allerelegantesten Computer heraus, aber es führte dazu, dass Microsoft die Welt der Betriebssysteme dominierte. Nachdem Apples Marktanteil auf unter fünf Prozent

Text: Walter Isaacson: „Steve Jobs", btb, 697 Seiten, 14 Euro.

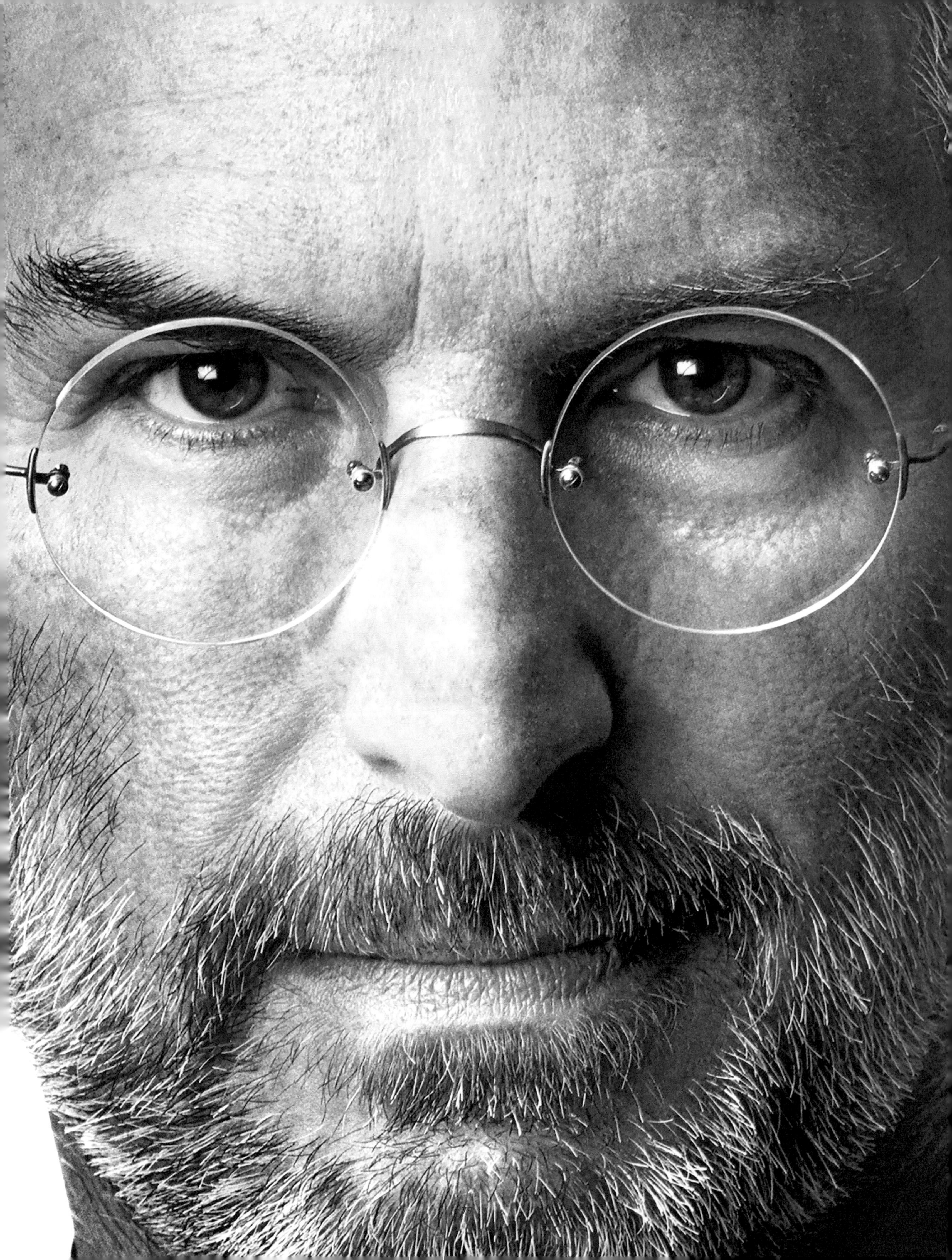

„Steve war einer der größten amerikanischen Innovatoren – mutig genug, um anders zu denken, verwegen genug, um zu denken, er könne die Welt verändern, und talentiert genug, um das auch zu tun." Mit diesen Worten gedachte Präsident Obama dem Genie Steve Jobs.

geschrumpft war, erklärte man Microsofts Herangehensweise zur siegreichen im Reich der Computerbranche.

Langfristig aber sollte sich zeigen, dass Jobs' Ansatz gewisse Vorteile barg. Trotz des niedrigen Marktanteils war Apple in der Lage, eine hohe Gewinnspanne aufrechtzuerhalten, während andere Computerhersteller Allerweltsprodukte produzierten. 2010 etwa entfielen auf Apple nur sieben Prozent der Umsätze im Markt für Personal Computer, dabei schöpfte die Firma aber 35 Prozent des operativen Ertrags ab.

Noch bezeichnender war die Tatsache, dass Jobs' nachdrückliches Bestehen auf allumfassende Integration Apple die Möglichkeit eröffnete, die Strategie eines digitalen Knotenpunkts zu entwickeln, sodass der eigene Desktop-Computer nahtlos mit einer Vielfalt von tragbaren Geräten verbunden werden konnte. Der iPod etwa war Teil dieses geschlossenen und straff integrierten Systems. Um es zu benutzen, musste man die iTunes-Software von Apple verwenden und die Inhalte aus dem iTunes Store herunterladen. Im Ergebnis war der iPod – ebenso wie das iPhone und das iPad, die später folgten – ein elegantes Vergnügen verglichen mit den zusammengeschusterten Konkurrenzprodukten, die kein allumfassendes Erlebnis bieten konnten.

Die Strategie ging auf. Im Mai 2000 hatte Apples Marktwert noch ein Zwanzigstel desjenigen von Microsoft betragen. Im Mai 2010 überholte Apple Microsoft als die wertvollste Technologiefirma der Welt, und im September 2011 schließlich war Apple 70 Prozent mehr wert als Microsoft. Der Markt für Windows-PCs schrumpfte im ersten Quartal 2011 um ein Prozent, während der für Macs gleichzeitig um 28 Prozent stieg.

Inzwischen aber hatte der Kampf von Neuem begonnen, in der Welt der mobilen Geräte. Google wählte die in höherem Maß offene Vorgehensweise und machte sein Betriebssystem Android jedwedem Hersteller von Tablet-Geräten oder Handys zugänglich. 2011 entsprach der Anteil von Google am Markt für mobile Geräte dem von Apple. Die Offenheit von Android brachte jedoch einen Nachteil mit sich: die daraus resultierende Fragmentierung. Zahlreiche Mobilfunk- und Tablet-Hersteller modifizierten Android und schufen Dutzende von Varianten und Benutzeroberflächen, und das erschwerte es, konsistente Apps zu programmieren und die Fähigkeiten des Betriebssystems voll zu nutzen. Beide Ansätze hatten ihre Vorteile. Manche Leute wollten die Freiheit haben, vermehrt offene Systeme zu benutzen und eine größere Auswahl an Hardware zur Verfügung zu haben. Andere hingegen bevorzugten klar Apples straffe Integration, mit der das Unternehmen Produkte hervorbrachte, die einfachere Benutzeroberflächen besaßen, deren Batterien länger hielten, die benutzerfreundlicher waren und mit denen Inhalte leichter zu handhaben waren.

Dies jedoch war die Kehrseite von Jobs' Ansatz: Sein Wunsch, den Nutzer zu erfreuen, verleitete ihn dazu, demselben Kontrolle zu verwehren. Einer der reflektiertesten Verfechter einer offenen Umgebung, Jonathan Zittrain von der Harvard University, beginnt

sein Buch „The Future of the Internet – And How to Stop It“ mit der Beschreibung des Moments, in dem Jobs das iPhone öffentlich präsentierte. Dabei warnt er vor den Konsequenzen, die möglich wären, wenn man Personal Computer durch „sterile, an ein Kontroll-Netzwerk gebundene Geräte“ ersetzt. Cory Doctorow ist hier sogar noch wesentlich nachdrücklicher in seinem Manifest „Warum ich kein iPad kaufen werde“, das er für das Blog Boing Boing verfasste: „In das Design ist wirklich viel Überlegung und Intelligenz eingeflossen. Doch es zeigt auch eine offenkundige Verachtung gegenüber dem Besitzer“, so Doctorow. „Wenn man seinen Kindern ein iPad kauft, ist das keine Starthilfe hin zu der Einsicht, dass die Welt für einen da ist, um auseinandergenommen und wieder zusammengebaut zu werden. Man vermittelt seinem Nachwuchs vielmehr, dass selbst so etwas wie ein Batteriewechsel eine Sache ist, die man Fachleuten überlassen sollte.“

Aus der Sicht von Jobs war der integrierte Ansatz eine Frage von Rechtschaffenheit. „Wir machen diese Dinge nicht, weil wir Kontrollfreaks sind“, sagte er. „Wir machen sie, weil wir großartige Produkte herstellen wollen, weil wir den User ernst und wichtig nehmen und weil wir die Verantwortung für die gesamte Erfahrung übernehmen wollen, statt solchen Mist zu produzieren, wie es andere tun.“ Er war überzeugt davon, anderen Menschen einen Dienst zu erweisen: „Sie sind damit beschäftigt, dasjenige so gut wie möglich zu machen, was sie eben gerade tun. Und sie wollen, dass wir das Unsere so gut wie möglich tun. Ihre Leben sind übervoll, und sie haben anderes zu tun, als darüber nachzudenken, wie sie ihre Computer und ihre Geräte integrieren.“

Er setzte Prioritäten, lenkte seine Aufmerksamkeit – scharf wie ein Laserstrahl – auf diese und blendete Störungen aus.

Dieser Ansatz lief manchmal den kurzfristigen Geschäftsinteressen von Apple zuwider. Doch inmitten einer Welt voller mieser Geräte, zusammengeschusterter Software, unergründlicher Fehlermeldungen und nerviger Benutzeroberflächen brachte dieser Ansatz erstaunliche Produkte hervor, deren Merkmal ein faszinierendes Nutzererlebnis war. Wenn man ein Apple-Produkt benutzte, konnte einen manchmal ein so erhabenes Gefühl ergreifen, als laufe man durch einen jener Zen-Gärten von Kyoto, die Jobs so liebte. Keine dieser beiden Erfahrungen wurde dadurch hervorgerufen, dass man am Altar der Offenheit opferte oder tausend Blumen blühen ließ. Manchmal kann es schön sein, sich in die Hände eines Kontrollfreaks zu begeben.

Jobs' Intensität zeigte sich ebenfalls deutlich in seiner Fähigkeit zur Fokussierung. Er setzte Prioritäten, lenkte seine Aufmerksamkeit – scharf wie ein Laserstrahl – auf diese und blendete Störungen aus. Wenn ihn etwas faszinierte – die Benutzeroberfläche des Ur-Macintosh, das Design des iPod und des iPhone, die Integration von Musikfirmen in den iTunes Store –, war er unermüdlich. Doch wenn er sich mit einer Sache nicht auseinandersetzen wollte – mit einer juristischen Schikane, einer geschäftlichen Angelegenheit, seiner Krebsdiagnose, einer familiären Auseinandersetzung –, dann ignorierte er sie hartnäckig. Diese Form der Fokussierung machte es ihm möglich, Nein zu sagen. Er brachte Apple wieder auf Kurs, indem er bis auf wenige Kernprodukte alle anderen aufgab. Er vereinfachte Geräte, indem er Knöpfe reduzierte, er vereinfachte Software, indem er Funktionen reduzierte, und er vereinfachte Benutzeroberflächen, indem er Optionen reduzierte.

Seine Fähigkeit zur Fokussierung und seine Liebe zur Einfachheit schrieb er seiner Zen-Ausbildung zu. Sie verfeinerte seine Wertschätzung für Intuition, sie lehrte ihn, wie man alles Ablenkende oder Unnötige ausblenden konnte, und schulte ihn in einer auf Minimalismus fußenden Ästhetik.

Leider brachte ihn seine Zen-Ausbildung nie ganz zu einer dem Zen entsprechenden Ruhe oder zu innerer Gelassenheit, und auch das ist Teil seines Vermächtnisses. Er war oft voll innerer Anspannung und ungeduldig, und er gab sich keine Mühe, diese Persönlichkeitszüge zu verbergen. Die meisten Menschen besitzen eine Kontrollinstanz, die zwischen Gehirn und Mund sitzt und ihre brutalsten Ansichten und stechendsten Impulse abschwächt. Jobs besaß so etwas nicht. Er legte Wert darauf, auf brutale Weise ehrlich zu sein. „Es ist mein Job, klar auszusprechen, wenn etwas scheiße ist, anstatt es schönzufärben.“ Dieser Zug machte ihn charismatisch und inspirierend, er machte ihn aber auch, um die Sache beim Namen zu nennen, bisweilen zu einem Arschloch.

Andy Hertzfeld äußerte mir gegenüber einmal: „Es gibt eine Frage, auf die ich von Steve wirklich gern eine Antwort hätte: ‚Warum bist du manchmal so gemein?‘“ Selbst seine Angehörigen fragten sich, ob er den Filter, der Menschen davon abhält, ihre verletzenden Gedanken zu äußern, wirklich nicht hatte oder ob er ihn willentlich überging. Jobs behauptete, es sei Ersteres. „Genau so bin ich, und man kann nicht erwarten, dass ich jemand bin, der ich eben nicht bin“, antwortete er mir, als ich ihm eben diese Frage stellte. Doch ich glaube, dass er sich eigentlich hätte kontrollieren können, wenn er nur gewollt hätte. Wenn er Menschen verletzte, dann tat er das nicht, weil ihm das emotionale Verständnis fehlte. Ganz im Gegenteil: Er war in der Lage dazu, Menschen einzuschätzen, ihr Innenleben zu verstehen, sie miteinander in Beziehung zu setzen, sie zu etwas zu überreden oder auch willentlich zu verletzen.

Der Zug gemeiner Schärfe in seiner Persönlichkeit wäre nicht notwendig gewesen. Sie behinderte ihn mehr, als dass sie ihm nutzte. Doch manchmal diente sie auch einem Zweck. Höfliche Führungspersönlichkeiten, die Samthandschuhe tragen und darauf achten, andere nicht zu verletzen, sind im Allgemeinen nicht so gut darin, Veränderungen durchzusetzen. Dutzende jener Weggefährten, die Jobs am meisten beschimpfte, schlossen ihre Litanei von Horrorgeschichten mit der Bemerkung, dass er sie dazu gebracht habe, Dinge zu tun, die sie nie im Traum auch nur für möglich gehalten hätten.

Die Geschichte von Steve Jobs ist der Gründungsmythos des Silicon Valley in Reinkultur: die Gründung einer Start-up-Firma in der sprichwörtlichen Garage, die schließlich zum wertvollsten Unternehmen der Welt aufgebaut wird. Er hat nicht viele Dinge direkt erfunden, aber er war ein Meister darin, Ideen, Kunst und Technologie auf eine Art und Weise zusammenzufügen, mit der man die Zukunft erfand. Er entwarf den Mac, nachdem er die Stärke der grafischen Benutzeroberfläche auf eine Art und Weise zu schätzen gelernt hatte, zu der Xerox nicht in der Lage gewesen war. Und er schuf den iPod, nachdem er begriffen hatte, welche Freude es sein konnte, 1000 Songs in der Hosentasche zu haben, wiederum auf eine Art und Weise, die Sony – wo man über alle

Mittel und Möglichkeiten sowie die entsprechende Tradition verfügte – nie würde erreichen können. Manche Führungspersönlichkeiten treiben Innovationen voran, weil sie das große Ganze gut überblicken. Andere realisieren dies durch die Beherrschung der Details. Jobs tat beides, unermüdlich. Die Folge war, dass er über drei Jahrzehnte hinweg eine Reihe von Produkten auf den Markt brachte, die ganze Industriezweige veränderten:

- Den Apple II, in dem Wozniaks Platine verwendet wurde; Woz verwandelte diese in den ersten Personal Computer, der nicht nur für Freaks geeignet war.
- Den Macintosh, der die Heimcomputer-Revolution einleitete und grafische Benutzeroberflächen populär machte.
- Toy Story und weitere Kassenschlager von Pixar, durch die sich neue Perspektiven auf das Wunder digitaler Vorstellungswelten eröffneten.
- Die Apple Stores, mit denen man die Rolle eines Ladens bei der Definition einer Marke neu erfand.
- Den iTunes Store, durch den die Musikindustrie neu geboren wurde.
- Den iPod, durch den die Art und Weise, wie wir Musik konsumieren, verändert wurde.
- Das iPhone, durch das Handys zu Geräten wurden, mit denen man Musik hören, Fotos machen, Videos aufnehmen, E-Mails lesen und schreiben und im Internet surfen kann.
- Den App Store, der eine neue inhaltproduzierende Industrie hervorbrachte.
- Das iPad, mit dem Tablet-Geräte eingeführt wurden und gleichzeitig eine Plattform für digitale Zeitungen, Zeitschriften, Bücher und Videos angeboten wurde.
- Die iCloud, durch die der Computer von seiner zentralen Position bei der Verwaltung unserer Inhalte verwiesen wurde, und die ermöglichte, dass alle unsere Geräte nahtlos miteinander synchronisiert werden können.
- Und schließlich das Unternehmen Apple selbst, das Jobs als sein größtes Werk betrachtete, ein Ort, wo die Vorstellungskraft gehegt und gepflegt, angewendet und in die Tat umgesetzt wurde – und das auf eine derart kreative Art und Weise, dass aus Apple das wertvollste Unternehmen der Welt wurde.

War er klug? Nein, nicht außergewöhnlich. Vielmehr war er ein Genie. Seine Geistesblitze waren instinktiv, unerwartet, zuweilen magisch. Er war wirklich ein beispielhafter Vertreter jenes Typus, den der Mathematiker Mark Kac den „Magier unter den Genies" nannte, einer, dessen Einsichten wie aus heiterem Himmel kommen und für den eher Intuition als die reine Kapazität zur geistigen Verarbeitung notwendig ist. Wie ein Pionier war er dazu in der Lage, Informationen in sich aufzusaugen, die Nase in den Wind zu halten und zu erspüren, was in der Zukunft liegt.

Auf diese Weise wurde Steve Jobs zu jenem führenden Unternehmer unserer Epoche, an den man sich mit hoher Wahrscheinlichkeit auch in 100 Jahren noch erinnern wird. Die Geschichte wird ihm einen Platz in ihrem Pantheon zuweisen, direkt neben Thomas Edison und Henry Ford. Mehr als sonst jemand seiner Zeit schuf er Produkte, die ganz und gar innovativ waren und die Kraft der Poesie und der Prozessoren kombinierten. Mit jener Heftigkeit, die das Arbeiten mit ihm ebenso verstörend wie inspirierend werden ließ, baute er eines der kreativsten Unternehmen der Welt auf. Und er hat es fertiggebracht, etwas in seine DNA einzupflanzen: jenes Empfinden für Design, jenen Perfektionismus und jene Vorstellungskraft, die es wahrscheinlich machen, dass dieses Unternehmen an der Schnittstelle von Kunst und Technologie auch in Jahrzehnten noch am besten gedeihen wird.

Ach ja, da ist noch eine Sache ...

Von Biografen wird erwartet, dass sie das letzte Wort haben. Doch dies hier ist eine Biografie von Steve Jobs. Auch wenn er sein legendäres Kontrollbedürfnis bei diesem Projekt nicht auslebte, nahm ich doch an, dass ich nicht den richtigen Eindruck von ihm vermitteln würde – die Art und Weise, wie er sich in jeder Situation behauptete –, wenn ich ihn einfach nur auf die Bühne der Geschichte versetzt hätte, ohne ihm noch einige letzte Worte zu erlauben.

Im Verlauf unserer Gespräche dachte er viele Male laut über seine Hoffnungen nach, was sein Vermächtnis anbelangte. Hier sind diese Überlegungen in seinen eigenen Worten:

„Meine Leidenschaft bestand darin, eine überdauernde Firma aufzubauen, in der die Leute motiviert waren, großartige Produkte herzustellen. Alles andere war zweitrangig. Sicher, es war toll, dass wir Profit machten, denn das erlaubte mir, großartige Produkte herzustellen. Doch meine Motivation waren die Produkte, nicht der Profit. Sculley drehte diese Schwerpunktsetzung um: Das Ziel war es nun, Geld zu verdienen. Es ist ein feiner Unterschied, doch er bestimmt letztlich alles: die Leute, die man anstellt, wen man befördert, was man in den Meetings diskutiert.

> „‚Gib den Kunden, was sie wollen.' Aber das ist nicht mein Ansatz. Unsere Aufgabe ist es, herauszufinden, was sie wollen, ehe sie es selbst herausfinden."

Einige Leute sagen: ‚Gib den Kunden, was sie wollen.' Aber das ist nicht mein Ansatz. Unsere Aufgabe ist es, herauszufinden, was sie wollen, ehe sie es selbst herausfinden. Ich glaube, dass Henry Ford einmal gesagt hat: ‚Hätte ich meine Kunden gefragt, was sie haben wollten, hätten sie mir geantwortet: Ein schnelleres Pferd!' Die Leute wissen gar nicht, was sie wollen, bis man es ihnen zeigt. Deshalb verlasse ich mich nicht auf Marktforschung. Unsere Aufgabe ist es, Dinge zu lesen, die noch gar nicht geschrieben sind.

Edwin Land von Polaroid sprach einmal über die Schnittstelle von Geistes- und Naturwissenschaften. Ich mag diese Schnittstelle. Dieser Ort hat etwas Magisches an sich. Es gibt eine Menge Leute, die Innovationen schaffen, und das ist auch nicht das wichtigste Alleinstellungsmerkmal meiner Karriere. Der Grund dafür, weshalb Apple so viel Nachhall bei den Leuten findet, ist die Tatsache, dass tief in unseren Innovationen etwas Geisteswissenschaftliches steckt. Ich glaube, dass große Künstler und große Ingenieure sich dahingehend ähneln, dass beide das Bedürfnis haben, sich selbst zum Ausdruck zu bringen. Tatsächlich waren einige der Leute, die am Ur-Mac mitarbeiteten, nebenbei Dichter oder Musiker. In den Siebzigerjahren wurden Computer zu einer Möglichkeit, der Kreativität Ausdruck zu verleihen. Große Künstler wie Leonardo da Vinci und Michelangelo waren auch große Naturwissenschaftler. Michelangelo wusste eine Menge darüber, wie man Steine brach, nicht nur darüber, wie man als Bildhauer arbeitete.

Steve Jobs sei wie ein Zauberer gewesen, wenn es darum ging, andere Leute zu motivieren. Er habe eine Art gehabt, Menschen so sehr von einer Idee zu überzeugen und zu faszinieren, dass sie regelrecht in einen Bann gezogen wurden. „Ich war so neidisch", gab Bill Gates in einem Interview Jahre später zu.

Die Leute bezahlen uns dafür, dass wir die Dinge für sie integrieren, weil sie keine Zeit haben, darüber rund um die Uhr nachzudenken. Wenn man eine extrem große Leidenschaft dafür hegt, großartige Produkte herzustellen, dann drängt es einen dazu, integriert zu sein, Software, Hardware und die Verwaltung der Inhalte miteinander zu verbinden. Wenn man Neuland betreten will, dann muss man es selbst machen. Wenn man zulassen möchte, dass die eigenen Produkte gegenüber anderer Hard- oder Software offen sein sollen, dann muss man einige seiner Visionen aufgeben.

Früher, zu anderen Zeiten, gab es Firmen, die als Modell für das Silicon Valley standen. Lange Zeit war das Hewlett-Packard. Im Zeitalter der Halbleiter dann waren es Fairchild und Intel. Ich glaube, dass Apple es eine Weile war, aber das verging. Und heute, glaube ich, sind es Apple und Google – und Apple noch ein bisschen mehr. Ich denke, Apple hat sich bewährt. Es gibt die Firma schon eine ganze Weile, aber sie spielt immer noch an vorderster Front mit.

Es ist leicht, mit Steinen nach Microsoft zu werfen. Sie sind ganz klar von ihrer Vormachtstellung abgestürzt. Sie sind größtenteils unbedeutend geworden. Und doch erkenne ich das, was sie getan haben und wie schwer es war, an. Sie waren sehr gut, was die geschäftliche Seite anging. Doch sie waren in puncto Produkte nie so ambitioniert, wie sie es hätten sein sollen. Bill stellt sich gern als einen Mann des Produkts dar, doch das ist er in Wirklichkeit gar nicht. Er ist Geschäftsmann. Geschäftlicher Erfolg war wichtiger als die Herstellung großartiger Produkte. Er wurde schließlich zum reichsten Kerl überhaupt, und wenn das sein Ziel war, dann hat er es erreicht. Aber mein Ziel war das nie, und ich frage mich letztendlich, ob das sein Ziel war. Ich bewundere ihn für die Firma, die er aufgebaut hat – das ist beeindruckend –, und ich habe es genossen, mit ihm zu arbeiten. Er ist intelligent und hat wirklich Sinn für Humor. Doch Microsoft trug nie Geisteswissenschaft und die freien Künste in seiner DNA. Selbst nachdem sie den Mac gesehen hatten, waren sie nicht dazu in der Lage, ihn gut zu kopieren. Sie haben es absolut nicht verstanden.

Ich habe meine eigene Theorie darüber, warum es zu einem Niedergang bei Firmen wie IBM oder Microsoft kommt. Die Firma macht hervorragende Arbeit, bringt Innovationen hervor und wird in einem bestimmten Bereich Monopolist oder zumindest beinahe, und damit wird die Qualität des Produkts weniger wichtig. Die Firma wertet zusehends die großartigen Vertriebsleute auf, denn sie können den Kurs in Richtung Ertrag ausrichten, und nicht die Wirtschaftsingenieure und Designer. Schließlich führen die Vertriebsleute die Firma. John Akers von IBM war ein intelligenter und eloquenter, fantastischer Verkäufer, aber von Produkten hatte er keine Ahnung. Bei Xerox passierte das Gleiche. Sobald die Vertriebsleute das Sagen in der Firma haben, sind die Leute, die mit den Produkten zu tun haben, nicht mehr so wichtig, und viele

schmeißen einfach hin. Genau das passierte bei Apple, als Sculley kam, was mein Fehler war, und das Gleiche passierte, als Ballmer bei Microsoft übernahm. Apple hatte Glück und stieg wieder auf, doch solange Ballmer Microsoft führt, glaube ich nicht, dass sich dort etwas ändert.

Ich kann es nicht ausstehen, wenn Leute sich selbst als ‚Unternehmer' bezeichnen, wenn sie in Wirklichkeit nur versuchen, ein Start-up aufzubauen, es dann zu verkaufen oder an die Börse zu bringen, um entsprechend abzukassieren und daraufhin anderswo weiterzumachen. Sie sind nicht bereit, die Arbeit auf sich zu nehmen, die für den Aufbau einer echten Firma notwendig ist. Dies ist die schwerste Aufgabe, die es im Geschäftsleben gibt. Auf diese Weise trägt man wirklich etwas bei und fügt dem Vermächtnis derer, die vor einem da waren, etwas hinzu. Man baut eine Firma auf, die auch noch eine oder zwei Generationen von heute aus gesehen für etwas stehen wird. Genau das haben Walt Disney, Hewlett und Packard und die Leute, die Intel aufbauten, getan. Sie schufen eine Firma, die bleibt, nicht nur eine zum Geldverdienen. Ich wollte erreichen, dass Apple genau so eine Firma ist.

Ich meine nicht, dass ich rücksichtslos über andere hinweggegangen bin. Aber wenn etwas Mist ist, dann sage ich es den Leuten direkt ins Gesicht. Es ist mein Job, ehrlich zu sein. Ich weiß, wovon ich spreche, und normalerweise stellt sich am Ende heraus, dass ich recht habe. Genau diese Kultur wollte ich schaffen. Wir sind auf brutale Weise ehrlich zueinander. Jeder kann kommen und mir sagen, dass ich nur Müll daherrede, und ich kann jedem dasselbe sagen. Wir hatten etliche sagenhaft heftige Auseinandersetzungen, bei denen wir einander anschrien, und das waren mit die besten Momente, die ich je erlebt habe. Ich habe überhaupt kein Problem damit, vor allen anderen zu sagen: ‚Ron, dieser Laden sieht scheiße aus.' Oder etwa: ‚Oh Gott, die Konstruktion von dem hier haben wir total versaut.' Das würde ich demjenigen ins Gesicht sagen, der dafür verantwortlich ist. Diesen Einsatz muss man bringen, wenn man präsent sein will: Man muss die Fähigkeit haben, absolut ehrlich zu sein. Vielleicht gibt es eine bessere Art und Weise, so wie in einem Herrenklub, wo alle Krawatten tragen und sich in einer versnobten Sprache mit samtweichen, verschlüsselten Ausdrücken unterhalten. Aber diese Art und Weise ist mir unbekannt, denn ich komme aus der Mittelschicht Kaliforniens.

Ich war manchmal hart zu anderen, wahrscheinlich härter, als es nötig gewesen wäre. Ich erinnere mich daran, dass Reed, als er sechs Jahre alt war, einmal nach Hause kam und ich an diesem Tag gerade jemanden gefeuert hatte. Ich stellte mir vor, wie es wohl für diesen Menschen sein musste, seiner Familie und seinem kleinen Sohn zu sagen, dass er gerade seinen Job verloren hatte. Das war hart. Aber jemand musste es tun. Ich verstand, dass es immer meine Aufgabe war sicherzustellen, dass das Team hervorragend war. Wenn ich es nicht tat, dann würde es keiner machen.

Man muss fortlaufend darauf drängen, Innovationen hervorzubringen. Dylan hätte für immer und ewig Protestsongs singen können, und er hätte damit sicher eine Menge Geld verdient, aber er hat es nicht getan. Er musste sich weiter entwickeln, und als er genau das tat und sich 1965 den elektrisch verstärkten Instrumenten zuwandte, stieß er viele Leute vor den Kopf. Die Europa-Tournee 1966 war seine größte. Er kam auf die Bühne und spielte einen Satz auf der Akustikgitarre – das Publikum feierte ihn. Dann holte er die Leute auf die Bühne, aus denen später The Band wurde, und sie spielten zusammen einen Satz mit den E-Gitarren – das Publikum buhte sie zeitweise aus. Einmal wollte er gerade ‚Like a Rolling Stone' singen, als jemand aus dem Publikum ‚Judas!' schrie. Und Dylan sagte nur: ‚Spielt es verdammt noch mal richtig laut!' Und das taten sie auch. Die Beatles waren genauso. Sie haben ihre Kunst immer weiter entwickelt, nach vorn bewegt und verfeinert. Genau das habe ich immer versucht – in Bewegung zu bleiben. Denn andernfalls, wie Dylan sagt: Wenn du dich nicht damit beschäftigst, geboren zu werden, dann beschäftigst du dich damit, zu sterben.

Was hat mich angetrieben? Ich denke, die meisten kreativen Menschen wollen ihre Anerkennung dafür zum Ausdruck bringen, dass es ihnen möglich war, die Arbeit anderer, die vor uns waren, zu nutzen. Ich habe weder die Sprache noch die Mathematik, die ich beide verwende, erfunden. Ich stelle mein Essen kaum selbst her, meine Kleidung überhaupt nicht. Alles, was ich tue, hängt von anderen Vertretern unserer Spezies ab und von den Schultern, auf denen wir stehen. Und viele von uns wollen etwas beitragen und unserer Spezies etwas zurückgeben. Das heißt, man versucht etwas auf die Art und Weise auszudrücken, die die meisten von uns beherrschen – weil wir keine Songs wie die von Bob Dylan oder Theaterstücke wie die von Tom Stoppard schreiben können. Wir versuchen, mit den Talenten, die wir besitzen, unsere tief sitzenden Gefühle zum Ausdruck zu bringen, unsere Anerkennung für alle Beiträge vor uns zu zeigen und dem Fließen etwas hinzuzufügen. Das hat mich angetrieben."

„Die meiste Zeit meines Lebens war ich der Meinung, dass unsere Existenz aus mehr bestehen müsse als aus dem, was man mit den Augen sehen kann."

Eines sonnigen Nachmittags – Jobs fühlte sich nicht wohl – saß er im Garten hinter seinem Haus und dachte über den Tod nach. Er sprach über seine Erfahrungen in Indien fast vier Jahrzehnte zuvor, über seine Beschäftigung mit dem Buddhismus und seine Ansichten über Wiedergeburt und spirituelle Transzendenz. „Mit meinem Glauben an Gott steht es fifty-fifty", sagte er. „Die meiste Zeit meines Lebens war ich der Meinung, dass unsere Existenz aus mehr bestehen müsse als aus dem, was man mit den Augen sehen kann." Er räumte ein, dass er im Angesicht des Todes die Wahrscheinlichkeit überschätzen würde – aus einem Bedürfnis heraus, an ein Leben nach dem Tod glauben zu wollen. „Ich mag den Gedanken, dass etwas von dir überlebt, wenn du stirbst", meinte er. „Es erscheint seltsam, daran zu denken, dass man all diese Erfahrung angehäuft hat und vielleicht sogar ein wenig Weisheit, und dass all dies einfach so vergeht. Ich möchte wirklich daran glauben, dass etwas überlebt, dass möglicherweise dein Bewusstsein überdauert."

Für eine lange Zeit verfiel er in Schweigen. „Aber vielleicht ist es andererseits wie ein Ein- und Ausschaltknopf", sagte er. „Klick! Und du bist weg." Erneut machte er eine Pause und lächelte ein wenig: „Vielleicht habe ich es deshalb nie gemocht, Ein- und Ausschaltknopf in Apple-Geräte einzubauen."

Fitness- & Wellness-Center
10.000 Quadratmeter groß, mit einem zweistöckigen Yogastudio und mehreren Räumen, die der Meditation dienen, ausgestattet.
Campus-Garage
Insgesamt gibt es 11.000 Parkplätze. Mit 325.000 Quadratmetern sind das mehr als die 318.000 Quadratmeter Bürofläche.
Steve Jobs Theater
Im Untergeschoss finden die großen Produkt-Vorführungen statt, die früher vor allem im Moscone Center in San Francisco abgehalten wurden.

Was Apples Campus so besonders macht

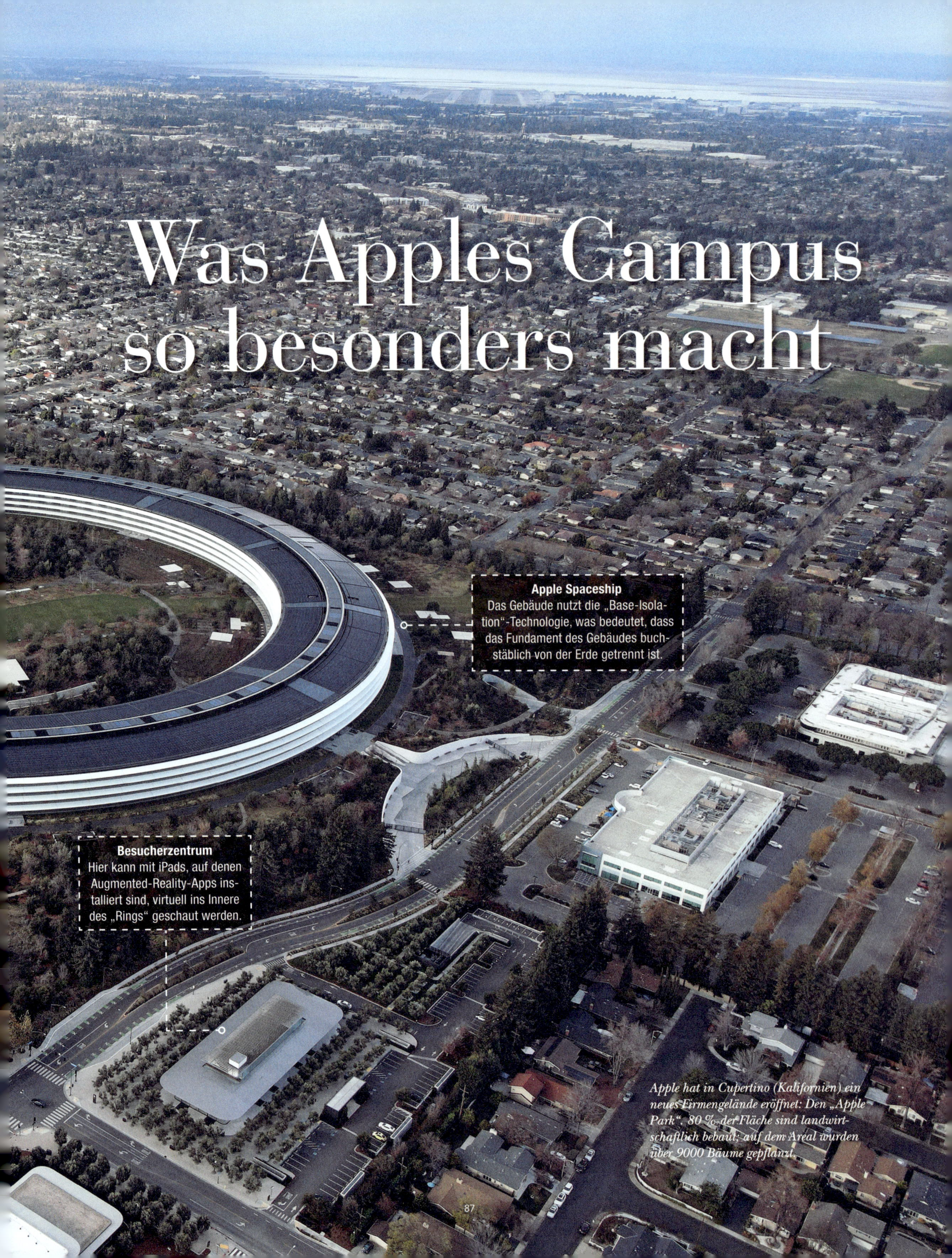

Apple hat in Cupertino (Kalifornien) ein neues Firmengelände eröffnet: Den „Apple Park“. 80 % der Fläche sind landwirtschaftlich bebaut; auf dem Areal wurden über 9000 Bäume gepflanzt.

Vor vier Jahren wurde das neue Mutterschiff des Konzerns fertig. Der „Campus 2", letztes Herzensprojekt von Steve Jobs, trägt im Detail die Handschrift von Jonathan Ive

Apple, Facebook, Google, Intel, HP, eBay und Oracle: Die mächtigsten Digital-Unternehmen der Welt sitzen im kalifornischen Silicon Valley. Doch im Tal zwischen San Francisco und San José suchte man bislang vergebens nach spektakulären Hochhäusern oder architektonisch aufsehenerregenden Firmensitzen, die den weltweiten Einfluss der Konzerne auch nur im Ansatz nach außen widerspiegeln.

Mit dem Apple-Hauptquartier in Cupertino änderte sich das: Im April 2017 durften die ersten Mitarbeiter einziehen. Aktuell sind die meisten Angestellten zwar aufgrund der Corona-Krise noch im Homeoffice, doch ganz ohne Leben ist der Apple Park nicht. So werden die Keynote-Veranstaltungen regelmäßig hier gedreht, von denen es im Jahr 2020 gleich drei gab, und auch Angestellte, die nicht zu Hause arbeiten können, sind in abwechselnden Gruppen hier. Das kreisrunde Hauptgebäude auf dem Firmencampus mit knapp einem halben Kilometer Durchmesser ist gigantisch – und sogar vom Weltraum aus sichtbar. „Es soll einfach ein beeindruckendes Gebäude sein", sagte Apple-Mitbegründer Steve Jobs bei seinem letzten öffentlichen Auftritt vor seinem Tod im Juni 2011 im Stadtrat von Cupertino. „Ein bisschen, als wäre ein Raumschiff gelandet."

Im Innenhof des Ringes wäre genügend Platz, um die großen Pyramiden von Gizeh aufzustellen.

Mit dem britischen Stararchitekten Norman Foster hatte Jobs lange Zeit diskutiert, welchen Umriss das neue Apple-Hauptquartier haben soll. Foster hatte zuvor unter anderem die Glaskuppel am Berliner Reichstag, den Flughafen in Hongkong, den Hearst Tower in New York und das spektakuläre Gherkin-Hochhaus in London entworfen. Jobs wollte zunächst, dass das riesige Gebäude für rund 12.000 Mitarbeiter die Form eines aufgeblähten Kleeblattes haben sollte. Doch dazu kam es nicht.

Letztlich gab nicht der Ratschlag von Foster den Ausschlag, sondern ein frecher Kommentar von Jobs' Sohn Reed, schreibt Jobs-Biograf Walter Isaacson. „Als (Steve Jobs) an diesem Abend nach Hause kam, präsentierte er die Zeichnungen stolz beim Abendessen, und Reed witzelte, dass ihn die Ansicht aus der Vogelperspektive an männliche Genitalien erinnere. Sein Vater tat den Kommentar als typisch für einen Teenager ab. Aber am nächsten Tag erwähnte er es gegenüber den Architekten. ‚Leider ist es so, dass Sie dieses Bild nun nie wieder aus Ihrem Gedächtnis werden löschen können', sagte er. Bei meinem nächsten Besuch war die Form in einen einfachen Kreis geändert worden."

„Ring" statt „Raumschiff"

Apple spricht inzwischen nicht mehr – wie Jobs – von einem „Raumschiff", sondern nennt das Hauptgebäude „Ring". In dem ganzen Gebäude gibt es nicht ein einziges gerade verlaufendes Stück Glas. Alles ist gekrümmt und nahtlos miteinander verbunden. Damit setzt sich der iPhone-Hersteller deutlich vom Baustil der üblichen Silicon-Valley-Firmen ab, die in der Regel in gesichtslosen Büroparks in großen Beton-Quadern untergebracht sind. Nur die smaragdgrünen runden Glastürme von Oracle in Redwood City, die wie überdimensionale Icons für Datenbanken aussehen, fallen aus diesem Einerlei heraus. Selbst Facebook ist vergleichsweise bieder untergebracht. Ebenso wenig wird der alte Apple-Campus in Cupertino an der berühmten Adresse 1 Infinite Loop als Meisterwerk in die Architektur-Geschichte eingehen. 1993 unter dem damaligen Apple-Chef John Sculley bezog Apple die sechs Gebäude, die ähnlich wie bei einem Universitäts-Campus in einem Oval angeordnet waren. Insgesamt umfasst der alte Apple Campus, zu dem auch ein Gelände auf der anderen Seite des De-Anza-Boulevards gehört, rund 20 Gebäude.

Mit dem Wiederaufstieg von Apple durch iMac, iPod, iPhone und iPad wurde die Apple-Belegschaft in Cupertino dann über den Campus hinaus auf über 100 Gebäude in der ganzen Stadt verteilt. „Apple ist wie Unkraut gewachsen", begründete Jobs vor dem Stadtrat von Cupertino die Neubau-Pläne. Um das Gros der Mitarbeiter wieder auf einem größeren Firmencampus zusammenzuführen, kaufte Apple 2006 noch vor dem Marktstart des iPhone den ersten südlichen Teil des Geländes, auf dem nun der Apple Park entstanden ist. 2009 konnte Apple dann auch den nördlichen Teil des Geländes übernehmen, das der PC-Hersteller Hewlett-Packard im Rahmen eines Schrumpfkurses im Jahr 2009 verkauft hat. Nur die Besitzer einer kleineren Wohnsiedlung in der südwestlichen Ecke des Geländes direkt an der Autobahn 280 wollten nicht an Apple verkaufen.

Gigantische Dimensionen

Der gesamte Apple Park, der früher den Codenamen „Apple Campus 2" trug, ist 710.000 Quadratmeter (71 Hektar) groß, das entspricht der Fläche von fast 100 Fußballfeldern. Das gewaltige Ring-Gebäude im Norden bietet auf vier Stockwerken eine Fläche von 260.000 Quadratmetern. Unter der Erde befinden sich auf drei Etagen Parkdecks. Im zwölf Hektar großen Innenhof des Rings wäre theoretisch genügend Platz, um die großen Pyramiden von Gizeh aufzustellen. Und auch der Petersplatz in Rom würde hier reinpassen. In den Top Ten der größten Bürogebäude in den USA steht der Ring im Apple Park aber nur auf Position 8. So sind beispielsweise der Willis Tower in Chicago mit 416.000 Quadratmetern oder das US-Verteidigungsministerium in Washington, D.C. mit 340.000 Quadratmetern noch größer. Mit 26.000 Beschäftigten geht es im Pentagon aber deutlich gedrängter zu als im Apple-Ring, wo 12.000 Menschen arbeiten werden. Mit der Auswahl des Grundstücks schloss sich für Steve Jobs auch persönlich ein Kreis. Im Sommer 1968, in dem er damals als 13 Jahre alter Schüler bei Hewlett-Packard ein Praktikum absolvieren durfte, kauften die HP-Firmengründer William Hewlett

Text: Christoph Dernbach und Ben Schwan, www.heise.de

2013 startet das Mega-Projekt, das noch vom verstorbenen Firmengründer Steve Jobs persönlich angestoßen und geplant wurde. Ausführendes Architekturbüro ist Foster + Partners aus London.

Eine Besonderheit ist die Gestaltung in der Form eines großen Ringes. Schon der Campus 1 hat als Adresse Infinite Loop (Endlosschleife); diese Idee wurde von Norman Foster für den neuen Sitz übernommen.

Auch deutsche Firmen sind am Bau beteiligt: Die Rundum-Verglasung kommt z. B. vom Hersteller Sedak aus der Nähe von Augsburg, ein Teil der Möbel vom Apple-Store-Ausstatter Dula aus dem Münsterland.

Nach drei Jahren Bauzeit ziehen ab April 2017 die ersten Mitarbeiter in das neue Apple-Hauptquartier ein. Der Umzug der mehr als 12.000 Beschäftigten dauert weit mehr als ein halbes Jahr.

Bestandteil des Klima-Konzepts sind die an der glatten kreisrunden Fassade montierten Vordächer aus Glas. Sie spenden nicht nur Schatten …

… sondern sorgen dafür, dass sich die grünen Farbtöne der Pflanzen im Innern des Rings widerspiegeln.

und David Packard genau dieses Land, auf dem sich damals noch Aprikosenbäume befanden. Mit dem neuen Apple Park kehren nun auch die Obstbäume wieder auf das Gelände zurück, die in der HP-Ära asphaltierten Parkplätzen weichen mussten. 9000 Bäume hat Apple dort pflanzen lassen, darunter auch etliche Aprikosenbäume.

Jobs hatte für diese Aufgabe den Baumexperten der Stanford University, Dave Muffly, angeheuert. Der Experte wurde vor die Aufgabe gestellt, einen Mikrokosmos des alten Silicon Valley zu schaffen, eine Nachstellung der Landschaft aus der Zeit, als es im Valley noch mehr Landwirtschaft als Hightech-Firmen gab.

Für den „Senior Arborist" (lt. LinkedIn-Eintrag, etwa: leitender Baumgärtner) ging damit ein Traum in Erfüllung: Er konnte fast nach Belieben Obstbäume, Olivenhaine, Eichen und andere Sorten pflanzen. Apple hatte sich für dieses Projekt schon vorab in Baumschulen in Kalifornien und Oregon einen üppigen Bestand an ausgewachsenen Bäumen gesichert und damit den Markt für ausgewachsene Pflanzen über mehrere Jahre hinweg leergefegt. Die Gartenlandschaft innerhalb und außerhalb des Rings wurde so angelegt, dass sie auch eine längere Dürreperiode überstehen kann.

Mit dem neuen Apple Park kehren nun auch die Obstbäume wieder auf das Gelände zurück.

Arbeiten in einem Nationalpark

Nach dem Tod von Jobs hat sein Nachfolger Tim Cook das grüne Konzept für den Apple Park übernommen. Das sei ein bisschen so, als arbeite man in einem Nationalpark, sagte Cook dem US-Magazin „Wired". „Wenn ich wirklich über etwas Schwieriges nachdenken will, gehe ich raus in die Natur. Und genau das können wir jetzt tun! Es wird sich überhaupt nicht mehr wie das Silicon Valley anfühlen."

Zum Ökokonzept des neuen Hauptquartiers gehört auch, dass es komplett aus erneuerbaren Energiequellen versorgt wird. Mit einer Kapazität von 17 Megawatt gehören die Solarzellen auf den Dächern des Rings und der anderen Gebäude zu einer der größten Solarenergie-Installation weltweit. 80 Prozent des Stroms im Apple Park stammen aus diesen Panels und einer Brennstoffzellen-Anlage in der Nähe der Parkhäuser auf dem Gelände. Die restlichen 20 Prozent besorgt sich Apple aus anderen erneuerbaren Energiequellen im Netz.

Abweichend von dem 2011 präsentierten Plan fand sich in der südöstlichen Ecke des Apple Parks in der Nähe der beiden großen Parkhäuser noch Platz für zwei weitere Gebäude, die ausschließlich für die Mitarbeiter der Forschungs- und Entwicklungsabteilung reserviert sind. Offiziell wurden die zusätzlichen Gebäude mit höheren Sicherheits- und Geheimhaltungsanforderungen begründet. Ironischerweise wurden diese beiden Gebäude der „Phase 2" schneller fertig als der große Ring aus „Phase 1". Seit April 2017 arbeiteten bereits Entwickler in konventionellen Einzelbüros, während der Umzug in den Ring erst nach den Sommerferien richtig in Schwung kam. Hardcore-Gegnern von Großraum-Büros in der Belegschaft steht aber auch der gesamte alte Apple Campus an der Infinite Loop zur Verfügung, der ja erhalten bleibt. Nur die weiter entfernten Büros werden zugunsten des neuen Apple Parks aufgegeben. Dem Vernehmen nach gibt es genügend Freiwillige, die den „Open Space"

im Ring den alten Büros an der Infinite Loop vorziehen. Um Strom zu sparen, verzichtete das Team von Foster + Partners auf die in Kalifornien sonst üblichen Klimaanlagen, die Konferenzräume und Büros trotz tropischer Außentemperaturen in große Kühlschränke verwandeln können. Beim Kühlsystem im Ring-Gebäude wird die Luft von außen mit einer ausgeklügelten Ventilation durch Schlitze in der Glas-Fassade angesaugt und mit Wasser auf angenehme Temperaturen zwischen 20 und 25 Grad Celsius gekühlt. Die aufgewärmte und verbrauchte Luft wird dann über Schachtsysteme in der Gebäudedecke nach außen geleitet.

Apples Öko-Campus

Damit dieses Klima-Konzept überhaupt funktionieren kann, musste Apple-Chef Steve Jobs zu Beginn der Planungen allerdings akzeptieren, dass an der glatten kreisrunden Fassade große getönte Glas-Vordächer montiert werden. Diese Konstruktion entsprach zunächst nicht seinen ästhetischen Vorstellungen. Die Glasdächer spenden aber nicht nur Schatten, sondern sorgen jetzt dafür, dass sich die grünen Farbtöne der Pflanzen in der Umgebung auch im Innern des Rings widerspiegeln. Dieser Effekt, mit dem in der Planungsphase niemand rechnete, hätte dem Apple-Mitbegründer sicherlich gefallen. Das kreisrunde Gebäude wurde mithilfe von deutschen Unternehmen gebaut. Die Fassaden stammen von der Josef Gartner GmbH in Gundelfingen bei Ulm. Gartner entwickelte für Foster + Partners auch die Details der natürlichen Belüftung. Der schwäbische Glasveredler Sedak stellte schließlich für das ikonische Gebäude des iPhone-Herstellers über 2500 Glasscheiben her, die nun wesentlich zum futuristischen Design des Baus beitragen. Die Fassadengläser für den Außenring sind 14 Meter lang und über drei Meter breit. Die überdimensionalen Sonderanfertigungen wiegen bis zu 2,7 Tonnen pro Element. Dafür musste in Gersthofen bei Augsburg eigens ein riesiger Glas-Backofen („Autoklav") gebaut werden, um die Scheiben mit den Rekord-Maßen in einem gasdicht verschließbaren Druckbehälter auf 130 Grad zu erhitzen und mit Unterdruck zu krümmen. Auch die 1600 Vordachscheiben mit einer Länge von bis zu 14 Metern hat Sedak produziert und dann über den Atlantik geschickt. Die Glaselemente waren allerdings für herkömmliche Container zu lang. Daher wurden spezielle Kisten aus Holz gebaut, die mit biegesteifen Rahmenkonstruktionen beim Transport per Schiff ein Durchbrechen der Scheiben verhinderten.

Autos, Autos, Autos

So sehr das Energie-Konzept ökologisch überzeugen kann, so überholt erscheint das Konzept des neuen Apple Campus beim Thema Nahverkehr. Die Planungen gingen davon aus, dass quasi alle Apple-Mitarbeiter mit dem Auto zur Arbeit fahren – also beinahe jeder im eigenen Wagen: Für die rund 14.000 Beschäftigten wurden rund 11.000 Parkplätze geschaffen, davon anfangs immerhin 700 Stellplätze mit einer Ladestation für Elektroautos. Damit sind die Parkflächen mit insgesamt 320.000 Quadratmetern sogar etwas größer als die gesamte Büro- und Laborfläche im Apple Park. Knapp 3000 Autos finden in Tiefgaragen unter dem Ring einen Parkplatz. Die meisten Autos der Beschäftigten müssen aber in zwei großen Parkhäusern am südlichen Rand abgestellt werden. Das Unternehmen stellt den Mitarbeitern 2000 Fahrräder (in der Farbe „Apple grau") zur Verfügung, damit sie sich auf dem riesigen Gelände zügig bewegen können. Außerdem kurven elektrische Golf-Carts und Shuttle-Busse durch den Apple Park.

Das antiquierte Auto-Konzept für den Apple Park stammt nicht aus der Feder von Steve Jobs oder Jony Ive, sondern ist in dieser Region Kaliforniens quasi gesetzlich vorgeschrieben. Apple setzt lediglich Vorgaben der Stadt Cupertino um. In dieser verrückten Autowelt müssen Bauherren, die ein Appartement bauen, zwei Parkplätze nachweisen, davon ein überdachter Stellplatz. Ein Fast-Food-Restaurant in Cupertino muss für drei Sitzplätze mindestens einen Parkplatz anbieten. Und eine Bowlingbahn wird nur dann genehmigt, wenn es pro Bahn sieben Parkplätze gibt, dazu kommen noch die Stellplätze für jeden Beschäftigten.

Man muss allerdings auch kritisch anmerken, dass es von Apple in dem langen Planungsprozess seit 2006 keine klar erkennbaren Ansätze gegeben hat, die Anbindung des neuen Firmen-Campus an den

Apple Park in Zahlen:

710.000
qm ist der gesamte Apple Park groß

260.000
qm bietet das Hauptgebäude auf vier Stockwerken

5.000.000.000
US-Dollar betrugen die Baukosten schätzungsweise

14.200
Angestellte arbeiten im Apple Park, darunter 12.000 im Ring

20.000
Menschen können im riesigen Fitnessstudio trainieren

2100
passen gleichzeitig in die Cafeteria

12.000
Parkplätze gibt es, davon knapp 3000 unter dem Ring

17
Megawatt Strom erzeugt die Solarenergie-Installation auf den Dächern

177
Tonnen wiegt jeder der 25 x 16 Meter großen Glas-Türflügel in der Kantine

öffentlichen Nahverkehr entscheidend zu verbessern. So dauert die Reise von San Francisco über die knapp 70 Kilometer via Caltrain und Bus wie vor Jahren noch immer gut zwei Stunden. Und für die nur 15 Kilometer lange Strecke von der südlich des Apple Parks gelegenen Großstadt San José zum Apple Park benötigt man mit dem Bus sage und schreibe eine Stunde. Immerhin betreibt Apple – wie andere Silicon-Valley-Konzerne auch – für seine Beschäftigten eigene Shuttle-Busse nach San Francisco, San José und anderen Destinationen, die schneller als der schwach entwickelte öffentliche Nahverkehr zum Ziel kommen. Aber auch die Apple-Busse stecken wie alle anderen Fahrzeuge zur Rushhour morgens und abends im Stau. Für die Flotte der Apple- Busse, die um 20 Prozent aufgestockt wurde, wurde ein „Transit Center" eingerichtet, das sich im Osten des kreisrunden Hauptgebäudes befindet.

Aufstand der Entwickler

In der Entwicklergemeinde tobte eine heftige Diskussion darüber, ob der Ring im Apple Park tatsächlich das „beste Bürogebäude der Welt" ist, wie es von Steve Jobs damals angepriesen wurde. Nachdem die ersten Fotos von den noch leer stehenden Büroräumen im Ring online erschienen waren, konnte man nämlich sehen, dass Apple nun auf ein Großraumbüro-Konzept setzt, das bei etlichen Entwicklern extrem unbeliebt ist. In den meisten Start-up-Unternehmen – aber auch bei Silicon-Valley-Riesen wie Facebook und Google – ist es völlig normal, dass mehrere Mitarbeiter eines Teams in einem größeren Raum zusammensitzen. Beim „Extreme Programming" arbeiten sogar häufig zwei Entwickler an einem Rechner. Der eine schreibt den Code, während der andere den geschriebenen Code kontrolliert, um mögliche Probleme sofort anzusprechen. Bei Apple waren diese agilen Entwicklungsmethoden nicht besonders weit verbreitet. Zumindest hatte auf dem alten Apple-Campus an der Infinite Loop quasi jeder Apple-Mitarbeiter ein Büro für sich. Im Ring wird das nun anders sein: Das kreisrunde Bürogebäude ist auf jeder der insgesamt vier Etagen in nur 80 Einheiten unterteilt. Die Beschäftigten sind dort überwiegend in offen gestalteten Großraumbüros untergebracht, um die Zusammenarbeit zu fördern.

> Das kreisrunde Bürogebäude ist auf jeder der insgesamt vier Etagen in nur 80 Einheiten unterteilt.

Zwischen den Büros – verteilt auf dem ganzen Ring – wurden sogenannte Pods eingerichtet. Das sind Bereiche, in denen sich Mitarbeiter aus unterschiedlichen Bereichen treffen und informell austauschen können. Nach Darstellung des Bloggers John Gruber, der mit der Developer-Community bei Apple gut vernetzt ist, revoltierten etliche Entwickler gegen diesen „Open-Space"-Ansatz, als die Pläne vor Jahren der Belegschaft vorgestellt wurden. Auch Vizepräsident Johny Srouji, der für die Chip-Entwicklung bei Apple verantwortlich ist, soll drastisch reagiert haben: „Fuck that, fuck you, fuck this. This is bullshit!", soll er in einem Meeting gerufen haben. Srouji habe sich dann offen gegen einen Umzug seines Teams in den Ring ausgesprochen. Für Srouji und sein Team wurden daraufhin separate Gebäude erschaffen.

Locken die Annehmlichkeiten?

Die Apple-Führungsriege um CEO Tim Cook und den mittlerweile ausgeschiedenen Design-Chef Jony Ive musste kaum Druck ausüben, um die 12.000 Arbeitsplätze im Ring aufzufüllen, damit eine kommunikativere Arbeitsweise Wirklichkeit wird. Die Apple-Beschäftigten konnten die anfänglichen Negativ-Schlagzeilen wie „Mitarbeiter hassen das Traumbüro von Apple" schon deshalb ignorieren, weil es hier „Goodies" gibt, die auf dem alten Campus fehlten. Dazu gehört ein riesiges Wellness- und Fitness-Center, in dem bis zu 20.000 Mitarbeiter ihr Work-out absolvieren oder Massagen genießen können – auch Mitarbeiter aus der Region, die nicht im Apple Park arbeiten. Populär dürften obendrein die neuen Cafeterias sein, darunter etliche kleinere Food- Stände draußen im Freien.

Da Apple sich zum Thema Mitarbeiter-Zufriedenheit nicht öffentlich äußert, musste man anfangs abwarten, wie sich die Beschäftigten in den kommenden Monaten konkret verhalten werden. „Ich habe einen Bekannten, der schon seit etlichen Jahren bei Apple arbeitet und dem neuen Raumkonzept sehr kritisch gegenübersteht", berichtete Gruber kurz nach Eröffnung des Apple Park in seinem Blog. Der Betroffene werde zunächst mit in das neue Büro umziehen und den Open- Space-Ansatz erproben. „Wenn mir das nicht gefällt, bin ich ganz schnell weg."

Jony Ive war bei dem Vorhaben ganz vorne dabei. Er hat bei dem Projekt nicht nur in die Rolle eines ideellen Testament-Verwalters von Steve Jobs eingenommen, der die Vision vom „besten Bürogebäude der Welt" in die Wirklichkeit umsetzt. Ive hat auch viele Monate mit der Gestaltung von winzigen Details wie den Türgriffen im Ring verbracht. Nun muss sich Apples Chefdesigner an einem berühmten Zitat seines ehemaligen Chefs messen lassen. Steve Jobs sagte einst: „Design ist nicht nur, wie etwas aussieht oder sich anfühlt. Design ist, wie es funktioniert."

Aus der Lobby, die mit einem 73 Tonnen schweren Dach aus Kohlenstofffasern bedeckt ist, führen Treppen hinab in die eigentliche Vorführungshalle.

Steve Jobs Theater

Südöstlich vom Ring wurde das „Steve Jobs Theater" errichtet. Dass in diesem Auditorium rund 1000 Besucher Platz finden können, lässt sich von außen kaum erahnen. Man sieht zunächst nur eine zierliche zylinderförmige Lobby, die mit Glaswänden ohne tragende Säulen umfasst ist. Im Steve Jobs Theater, im Untergeschoss gelegen, finden nun die großen Produkt-Vorführungen statt, die früher vor allem im Moscone Center in San Francisco über die Bühne gingen, wo Steve Jobs auch im Januar 2007 das erste iPhone vorgestellt hatte. Zuletzt hatte Apple mit großem Aufwand verschiedene Locations für seine Launch-Veranstaltungen angemietet, darunter das Yerba Buena Center for the Arts und das Bill Graham Civic Auditorium in San Francisco oder das Flint Center of the Performing Art in Cupertino, wo bereits 1984 der erste Macintosh den Apple-Aktionären gezeigt wurde.

Das Steve Jobs Theater liegt auf einem grünen Hügel, der eine grandiose Aussicht über den Apple Park bietet. Aber selbst von dieser Anhöhe aus kann man nicht den kompletten Ring des benachbarten Hauptgebäudes überblicken. Das ist nur vom Flugzeug aus, mit einem Helikopter oder einer Drohne möglich.

> Das Theater liegt auf einem grünen Hügel, der eine grandiose Aussicht über den Apple Park bietet.

Architektonisch macht die Präsentationshalle dem Namen des Apple-Mitbegründers alle Ehre. Über der Erde strahlt eine runde Glaskonstruktion jene minimalistische Eleganz aus, die Steve Jobs sein Leben lang begeistert hat. „Steve würde es hier gefallen", sagte Apple-Mitbegründer Steve Wozniak bei der Präsentation des iPhone X am 12. September 2017. Zu solchen Veranstaltungen kann Apple seine Gäste nun in der kreisrunden Halle versammeln und dann über zwei mächtige Steintreppen nach unten in das eigentliche Theater führen. Das Auditorium ist wie ein großer Hörsaal einer Uni angelegt, nur dass die Gäste nicht auf klapprigen Holzsitzen Platz nehmen müssen, sondern in bequemen Ledersesseln. Hinter der Bühne ist eine überdimensionale Bildschirmwand angebracht, auf der dann die Keynote-Präsentationen und Videos abgespielt werden. Vor dem Auditorium wurde eine Freifläche geschaffen, auf der dann die Hands-on-Sessions stattfinden. Für Veranstaltungen wie die Entwicklerkonferenz WWDC ist das Steve Jobs Theater allerdings zu klein. Auf der WWDC treffen sich über 5000 Entwickler und Geschäftspartner mit rund 1000 Ingenieuren und Managern von Apple, zuletzt im McEnery Convention Center in San José. Wegen der großen Beteiligung aus der Apple-Belegschaft spricht viel dafür, dass Apple auch die kommenden Entwicklerkonferenzen dort organisieren wird, weil man von Cupertino viel schneller nach San José kommt als nach San Francisco.

Willkommen im Besucherzentrum

Apple-Fans aus aller Welt, die bislang zum „Mothership" nach Cupertino gepilgert sind, können nun den neuen Apple Park besuchen – aber nicht das eigentliche Hauptgebäude betreten. Im Osten des Geländes wurde an der Ecke N Tantau Avenue/Pruneridge Avenue ein Visitor Center gebaut. Von einer Dachterrasse aus kann man auch den riesigen Ring sehen. Zu dem gläsernen Besucherzentrum gehören ein Café sowie ein Apple Store, in dem T-Shirts, Baseball-Kappen und andere Andenken mit Apple-Logo verkauft werden. Hier findet man oft auch Geräte, die sonst nur mit langer Lieferfrist zu haben sind.

Hauptmerkmal: unauffällig

Als Nachfolger von Steve Jobs trat Tim Cook in große Fußstapfen. Doch er hat allen gezeigt, dass er die Erfolgsgeschichte weiterschreiben kann

Text: Britta Weddeling

Von jeher misst die Welt Tim Cook an dem Mann, der er nicht ist: Steve Jobs. Der aktuelle Apple-Chef sei kein „iGod", wie das „New York Magazine" Gründer Jobs einmal nannte. Er sei kein genialer Designer, kein Technologieprophet. Die „Huffington Post" erklärte kurz nach Jobs' Tod gar: „Warum Apple dem Untergang geweiht ist" – Tenor: Der Konzern würde das Ableben seines legendären Gründers nie überstehen. Tatsächlich ist das Gegenteil eingetreten.

Das zeigen zumindest die Zahlen: Erst unter Cook stieg Apple zu neuem Glanz auf und erreichte im August 2018 als erster Konzern der Welt die Billionen-Dollar-Bewertung. 1,4 Milliarden Menschen besitzen heute ein Apple-Gerät, 900 Millionen ein iPhone – die meisten davon verkauft in der Ära Cook.

Wer in dem Mann aus Alabama nur die ewige Nummer zwei sieht, der schaut nicht richtig hin, glaubt Unternehmensberater Tim Bajarin, der Kontakte bis ins höchste Management in Cupertino pflegt. „Jobs wollte nicht, dass Cook sein Klon wird", sagt er. „Cook sollte Apple den eigenen Stempel aufdrücken. Den leiseren, aber nicht weniger erfolgreichen Führungsstil des 60-jährigen Managers aus den tiefroten Südstaaten beschreibt der Journalist Leander Kahney in seiner Biografie „Tim Cook – The Genius Who Took Apple to the Next Level", die 2019 erschienen ist. Das Buch vom Gründer und Chef des Apple-Blogs „Cult of Mac" widerlegt die Legende vom Alleskönner Jobs und vom Langweiler Cook. „Viele machen sich nicht klar, dass in einer erwachsenen Firma wie Apple nicht die Produkte am wichtigsten sind, sondern die Logistik – eine effiziente Lieferkette, Vertrieb, Finanzen und Marketing", argumentiert der Autor. „Und Cook hat gezeigt, dass er für all das ein Talent besitzt." Die Tim-Cook-Biografie ist fast schon rücksichtslos positiv. Häufig kommt Marketingmann Greg Joswiak zu Wort, verantwortlich für iPad und iPhone und das Betriebssystem iOS. Der Autor lässt den neuen Chef an der Apple-Spitze hochleben, auf Kosten des alten.

Mit jedem Jahr wird die Apple Watch leistungsfähiger. 2020 führte Apple bei der Apple Watch 6 die Messung des Blutsauerstoffgehaltes ein. Bei der Apple Watch 7, die für den September 2021 erwartet wird, könnte Apple auf Diabetes-Patienten zielen und die Messung des Blutzuckergehaltes ermöglichen. Die Vision, die Tim Cook und Apple schon lange haben, ist, dass diese Messung non-invasiv, also ohne Einstich in die Haut, funktioniert. Allein in Deutschland leiden etwa acht Millionen Menschen an Diabetes Typ 2.

Hauptmerkmal: unauffällig

Jobs bescheinigt der Biograf Kahney zwar einen sechsten Sinn für geniale Produkte. Doch er sei nie wirklich Apples CEO gewesen, habe einfach kein Interesse am Geschäft gehabt und stattdessen lieber mit Designer Jony Ive an neuen Ideen gebastelt. Der Konzern habe nur durchgehalten, „weil andere Leute die Verantwortung hatten". Leute wie Cook.

Der Apple-Gründer holte den 34-jährigen Manager im März 1998 nach Cupertino, zunächst als Vice President für das operative Geschäft. Der stille Mr. Cook stieg schnell auf, vertrat Jobs bereits 2009 und 2011, als dieser wegen seiner Krebserkrankung ausfiel, und avancierte zur rechten Hand des Chefs.

„Steve hat Tim jahrelang auf den Posten des CEO hin geschult und vorbereitet", erzählt der Apple-Kenner Bajarin. Noch zu Lebzeiten von Jobs stellte Cook Apples Vertrieb neu auf, verlagerte die kostspielige Produktion nach China und führte die Firma damit vom Bankrott in die Gewinnzone. Der Manager brillierte durch Pflichterfüllung statt Überraschungen, ebenso verhält es sich mit seiner Biografie.

Das auffälligste Merkmal des Timothy Donald Cook ist seine Unauffälligkeit. Schon in der Highschool stach der Sohn eines Werftarbeiters nicht weiter heraus, schreibt Kahney. In der Kleinstadt Robertsdale, Alabama, tief im Süden Amerikas, galt Cook als akribischer, bescheidener Schüler, mit Vorlieben für Algebra und Geometrie. Fotos aus dieser Zeit zeigen einen „leicht schlaksigen, aber athletischen Jugendlichen", heißt es in dem Buch. Skandale? Rebellion? Drogen? Exzesse? Fehlanzeige.

> Der Chef von „Cult of Mac" widerlegt die Legende vom Alleskönner Jobs und vom Langweiler Cook.

Die Kommilitonen an der Auburn University und der Duke University, wo er Industriedesign studierte und einen MBA abschloss, loben Cooks Intelligenz und Freundlichkeit. Kollegen und frühere Chefs preisen die Verlässlichkeit des Musterstudenten. Über das Privatleben des Apple-Chefs erfährt man wenig – außer, dass er bis zum Tod seiner Mutter 2015 jedes Wochenende zu Hause anrief.

Der CEO strahlt etwas Unnahbares aus. „Cook ist vielleicht der privateste Mann in der sichtbarsten Firma der Welt", heißt es in der Biografie. Mit einer Ausnahme. Im Oktober 2014 schrieb der damals 53-Jährige in „Bloomberg Businessweek" erstmals über seine Homosexualität.

Cook glänzt lieber in der zweiten Reihe

Doch meistens überließ Cook Jobs die große Bühne, dem extrovertierten Hippie, der sich manchmal wochenlang nur von Äpfeln ernährte, noch auf dem Sterbebett mit halluzinogenen Drogen experimentierte und zeitlebens einige der größten Durchbrüche der Technologiegeschichte erfand. Cook hingegen sorgte dafür, dass das Unternehmen lief. Hinter einem starken Genie stand ein stärkerer Mann für das operative Geschäft.

Doch das führte dazu, dass man Cook, dem blassen Mann im Hintergrund, die Jobs-Nachfolge nicht zutraute. „Doch aller Kritik muss man entgegenhalten, dass mit ihm Apples Erfolgsgeschichte einfach weitergeht", sagt Colin Crawford, Ex-Geschäftsführer der Apple-Zeitschrift „Macworld".

Cook steht für die neue Führungsgeneration im Silicon Valley. Der Erfolg des Managers beruht auf Eigenschaften, die dem schillernden Jobs fehlten: Bescheidenheit, Zurückhaltung und der Wille zur Zusammenarbeit. Der 60-jährige Cook führt eher wie ein Trainer.

„Großartige Ideen kommen von brillanten Entwicklern, die ein paar Level weiter unten in unserer Organisation vergraben sind", sagt Apples Marketingmann Joswiak. Anders als der zum Teil tyrannische, egomanische Jobs, der stets alle Aufmerksamkeit auf sich zog, glänzt heute auch die zweite Reihe bei Apple.

Dieser Managementstil entspricht dem Zeitgeist. Nach Datenlecks, Manipulations- und Hate-Speech-Skandalen stehen gerade die Firmen im Silicon Valley eher in der Pflicht, dem Rest der Welt zu zeigen, dass ihre Innovationen gut für alle sind und nicht nur für Aktionäre. Der diplomatische Vermittler Cook erfüllt diesen Wunsch. Er spricht darüber, wie Apple die Erde besser verlassen will, als es sie vorfand, stellt Werte wie Diversität, Klimaschutz und Bildung in den Vordergrund. Allerdings darf nicht vergessen werden zu erwähnen, dass Apples fragwürdige Steuervermeidungspraktiken irgendwie nicht so recht zu dieser Marketingstrategie passen.

Herausforderungen bestehen

Geschäftlich steckt Cook derzeit vor einer anderen Riesenherausforderung: Nach dem Ende der Smartphone-Ära muss er das Unternehmen zur Technologieplattform umbauen. Muss den Heerscharen von Apple-Fans immer neue Abos und Serviceangebote verkaufen. Doch das wird nur funktionieren, wenn Kunden darauf vertrauen, dass Apple Informationen schützt. Erste Erfolge erzielte Cook bereits. Die „Services"-Sparte, die nun neue Video-, Gaming- und News-Angebote ergänzen, wuchs 2018 um 33 Prozent. 70 Prozent aller Händler in den USA akzeptieren laut Cook Apple Pay. Bei neuer Hardware sticht die Apple Watch heraus. Die Verkäufe wachsen von Quartal zu Quartal um 50 Prozent. Laut Morgan Stanley könnte Apple mit den EKG- und Fitnessfunktionen zum Marktführer bei Kundengesundheit aufsteigen, mit Umsätzen von bis zu 313 Milliarden Dollar im Jahr 2027. Auch die Wall Street blickt deshalb optimistisch auf Apples Zukunft.

Dennoch: Zwei große Probleme hat Cook nach wie vor nicht gelöst. Sprachassistentin Siri rangiert hinter der Konkurrenz von Google und Amazon. Und der Erfolg von Apples Autoprojekt „Titan" scheint ungewisser denn je. Seit die ersten Details 2015 ans Licht kamen, überschlagen sich die Spekulationen. Zunächst war die Rede davon, dass Apple eigene Fahrroboter baue, dann lautete die Vermutung, der Konzern entwickle nur zugehörige Software oder Entertainmentsysteme. Cook-Biograf Kahney beschreibt das Projekt als „gescheitert", und auch Apple-Kenner und Analyst Horace Dediu hält es für „den größten Fehler" in der Ära Cook.

Diese Produkte sollten niemals produziert werden …

… ginge es nach Steve Jobs. Doch seit seinem Tod 2011 hat sich einiges geändert. Vor allem auf diese drei von ihm nicht gewollten iGadgets will heute niemand mehr verzichten

DAS iPAD MINI

Als „Dead on Arrival" bezeichnet Steve Jobs Tablets mit einem Bildschirm unter 10 Zoll. Sie seien „tweeners", nichts Halbes und nichts Ganzes also, „zu groß, um mit einem Smartphone zu konkurrieren, und zu klein, um es mit einem iPad aufzunehmen". Zu dieser Zeit kann sich Jobs seine Haltung noch leisten, denn Apples 9,7-Zoll-iPad der ersten Generation verkauft sich allein 2010 über 13 Millionen Mal weltweit. 2011 steigt die Zahl auf 32 Millionen Stück, Ende 2012 erreicht sie 58 Millionen. Dann aber ändert sich der Markt: Vor allem Amazon und Samsung, aber auch RIM und Google verkaufen sehr erfolgreich kleine 7-Zoll-Pads. Die Folge: Apples Marktanteil geht zurück. Die Lösung: im Oktober 2012 wird unter Tim Cook das erste iPad mini präsentiert. Und die exorbitant hohen Verkaufszahlen überraschen sogar die Verantwortlichen bei Apple. Laut Insidern überholt das kleine iPad sogar das damals neue iPad 4. Ende 2013 werden mit 71 Millionen iPads die meisten Tablets der Firmengeschichte verkauft.

DER PENCIL

2015 ist es so weit: Apple präsentiert das Riesen-Tablet iPad Pro. Und dazu gibt es erstmals einen Stylus. Und das ist wirklich bemerkenswert, denn für Steve Jobs war immer klar: Einen Eingabestift für Touchgeräte wird es bei Apple nicht geben. Und das hielt er konsequent durch, einer seiner ersten Entscheidungen, als er 1997 zu Apple zurückkehrt: Der stiftgesteuerte PDA Newton wird einstampft. Noch zehn Jahr später, zur Einführung des iPhone 2007, stellt der Apple-Mitgründer fest: „Wer möchte einen Stift? Sie müssen ihn nehmen und wieder weglegen, und Sie verlieren ihn. Yuck! Niemand will einen Stift." Der Rest ist Geschichte …

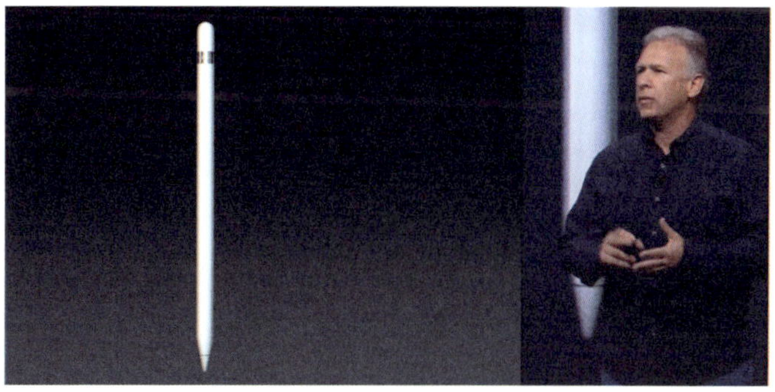

DAS RIESEN-IPHONE

2010, Steve Jobs lädt zu einer Pressekonferenz ein. Statt aber die wichtige Frage zu diskutieren, ob Apple etwas hätte tun können, um die Antennenprobleme mit dem iPhone 4 zu vermeiden, teilt Jobs heftig gegen die Konkurrenz aus. Die würde so große Smartphones bauen, dass „keiner sie mit einer Hand halten könne" sagte er mit Blick auf die neueste Generation von 4-, 4,3- und 5-Zoll-Handys, zu denen die Galaxy-S-Serie, das EVO 4G, das Droid X und das Dell Streak gehören. Er geht sogar so weit, sie als „Hummer" zu bezeichnen, und stellt fest: „Niemand wird das kaufen." Das iPhone 4 und auch der Nachfolger 4s kommen noch mit dem 3,5 Zoll kleinen Display aus. Im September 2012 aber stellt dann auch Apple selbst ein größeres Smartphone vor. Das iPhone 5 kommt mit einem 4-Zoll-Bildschirm, gefolgt 2014 vom iPhone 6 Plus mit einem 5,5-Zoll-Screen usw. Fun Fact: Mit dem größeren Bildschirm wachsen auch die Verkaufszahlen …

Bitte blättern Sie um für eine fotografische Hommage an die berühmten Apple-Design-Innovationen von 1976 bis 2011.